理系の人は なぜ 英語の上達が 早いのか

畠山雄二

草思社

はじめに

英語学習は「何」を読むかで成果が決まる

英語学習は文法から始まって文法で終わる

「英語の力をつけるためには何を読んだらいいのでしょうか？」

これはよく（学生ならびに拙著の読者から）聞かれる質問であるが、この手の質問には決まって私はこう答えるようにしている。

「英文法の本をしっかり読むことですね。」

「英語の力」と言ってもいろいろある。話を単純化しても、「読む」「書く」「聞く」「話す」といった４つの技能というか「力」がある。読むためには文法を知らなきゃならないし、書くためにも文法を知っていないと話にならない。１つ単語を書き、その次にもう１つ単語を続けようと思ったら、そこには自ずと文法の問題が生じる。つまり、語と語をくっつける時に必要になってくるのが、文法という「接着剤」なのである。このように、１つの語を書き、次に２つめの語を選ぶ際に必要となってくるのが文法の知識なのである。

また、「聞く」というのは究極の速読ということもあり、「聞く」ためには速読ができなくてはならない。そして速読できるためには、実は、文法をしっかりマスターしていないといけないのだ。単に速く読むだけだったらいくらでも速く読める。しかし、内容をちゃんと理解しながら速く読もうと思ったら、ちょっと考えてみれば分かるように、文法の力なくし

てはムリである。しかも皮肉なことに、ゆっくりチンタラ読んでいるうちは、実は、書いてあることの２割も理解できていなかったりする。そういった意味でも、速読できてこその読解（ならびに精読）であり、そして速読できてこその（リスニングではなく）ヒアリングであり、さらには、文法力あってこその速読とヒアリングなのである。

　最後の「話す」力であるが、これも「しゃべる度胸」以上に文法の力が必要だったりする。英文は、どんなものであれ、いちおう、いわゆる５文型のうちのどれかに必ず分類することができる。参考までに５文型を下に書いておこう（S は主語を、V は動詞を、O は目的語を、C は補語を表している）。

　　英語の５文型
　　第１文型：　SV
　　第２文型：　SVC
　　第３文型：　SVO
　　第４文型：　SVOO
　　第５文型：　SVOC

　上の５文型のリストから分かるように、どの文型も SV ではじまっている。したがって、英語をしゃべろうと思ったら、簡単な文であれば、まずは主語と動詞（つまり SV）をとりあえずしゃべっておけばよい（が、言うは易く行うは難しで、これすらなかなかできないものだが……）。そして、動詞を言ってからしばらく「あ〜」とか「う〜」と言って時間稼ぎをし、その間にどんな目的語なり補語を次にもってきたらいいか考

えればよい。勘のいい人はもうお分かりの通り、この時に必要になってくるのが文法の知識なのである。つまり、文法をちゃんと理解していないと、主語と動詞までは何とか言えてもその後が続かないのだ。

　また、ぶっちゃけた話、英文はどれも上の5文型に仕分けできるかというと、実はそうでもなかったりする。ようするに、ちょっと込み入った文をしゃべるとなると、（5文型以外の）英文法の知識なしでは対応できなくなってしまうのだ。たとえば、主語に無生物のものをもってきたら、その時点で次にくる動詞は限られてくるし、しかもその動詞に続く表現にもいろいろと制限が課せられてくる。言わずもがな、この「制限」が英文法に他ならないのだ。

　このようなことからも分かるように、「読む」にせよ「書く」にせよ、そして「聞く」にせよ「話す」にせよ、どの技能にも必要となってくるもの、それが英文法の知識なのである。

文系の人の英語学習が非効率な理由

　さて、ここで冒頭の次の問いに戻るが、

「英語の力をつけるためには何を読んだらいいのでしょうか？」

　私の答えは、上でも述べたように、次の通りである。

　　　　「英文法の本をしっかり読むことですね。」

でも、だからと言って、今さらまた受験の時に使った英文法書をひっぱり出してきて英文法の本を読む気になるかというと、なかなかならない。それに、文法書のような無味乾燥な、まさに英語のマニュアル本なんか読む気には（よほどの物好きというか文法オタク以外）普通ならないものである。でも何とかして「英語の力」すなわち英文法の力を身につけたいわけだが……。

　そこで考えられるのが、何か英文記事を読んで、それで「英語の力」すなわち英文法の力をビルドアップないしブラッシュアップさせる方法である。では、いったい何を読んだら着実に、しかも飽きることなく、さらには知的好奇心が満たされる形で、英文法の力を伸ばすことができるのだろうか。以下では、この問いに答えていきたいと思う。

　英語にちょっと自信のある人だと「もう大学受験レベルの英語は卒業だぜ！」ということで、ペーパーバックに手を出したりしたくなるかもしれない。ペーパーバックもピンキリであるが、英語ネイティブが日常的に読んでいるようなものは正直お勧めできない。もちろん、分野にもよるが、しっかり読むのであれば、辞書をひきながらの精読となり、１パラグラフを読むのに30分ぐらいかかるであろう。

　上でも書いたが、このようなチンタラした読みでは何が書いてあるのかおそらく分からないであろう。でも、だからと言って、分からない単語があっても、辞書をひかずにひたすら読み進めたところで、書いてあることの半分も理解できないであろう。そんな読み方をしていると、ペーパーバックの５分の１も消化しないうちに、「何書いてあるかワカンネー。

つまんねぇー」ということで書棚にポイ♪である。正直なところ、これが現実である。

　そこそこ英語ができるぐらいの人には、このような理由から、ペーパーバックはお勧めできない。いわんや、『ハリー・ポッター』なんかを読むこともお勧めできない。子どもの読み物だと思って侮ってはいけない。訳本を片手に読むならともかく、そうでなければ、我々日本人が日本語で書かれた小説を読むようにはなかなか読めるものではない。

　ペーパーバックが無理ならということで、Newsweek や TIME ならいいかと言うと、これまたそこそこ英語が読めるぐらいの人ではハードルが高い。いや、日本人の英語力を考えると高すぎると言えよう。実際私は、職場でこの手の雑誌の記事を使って読解の授業をしているが、ちゃんとした指導者の手ほどきなくしては、間違いなく読める日本人というのはそうそういるものではない。これは私の教育経験から断言できる。

　ハッキリ言うと、この手の雑誌が読めるようになるには、扱っている内容にもよるが、まず現代社会の諸々のことについて精通していないといけないし、もっと分かりやすく言うと、日本の新聞の政治欄や社会欄に書かれてあることが100%理解できるぐらいでないと、そもそも書いてあることがさっぱり分からないというのが実状である（いわんや、記事の本質を見抜き記事を批判的に読むことをや、である）。

　上で紹介した雑誌は、英語ネイティブを読者として想定していることもあり、私たち日本人にはかなりハードルが高いと言える。

このことから分かるように、外国人向けに書かれたものならともかく、そうでないのであれば、人文社会学系のものを読んで英語を勉強するのは正直お勧めできない。上でもちらっと書いたが、とくに（長編）小説を読むのはお勧めできない。文学特有のメタファや比喩、それに作家独自のクセのある文体といったものは、ハッキリ言って英語学習には不向きである。ストレートに言ってしまうと、文学作品を読みながら英文法の本質をマスターするというのは（無謀とまでは言わないが）非常に効率が悪い。

　人にもよるかと思うが、文系の人が思いつきがちな、小説を読んで英語を勉強するというやり方は、労が多い割には得るものがそんなに多くない勉強方法だと言えよう。とくに、日本語で書かれた小説すら読んだことがないような人は何をかいわんや、である。ただ、そうは言うものの、英語がかなりできる人だったら、つまり、本書で紹介するような「禁断の英文法」のようなものを既に知っている人だったら、上で書いたようなことはあてはまらない。雑誌なりペーパーバックなり小説なりガンガン読み進めることをお勧めする。

科学英語こそが真の国際語であり、「正しい英語」が凝縮されている

　では、いったい、「英語の力」つまり英文法をマスターするには何を読んだらいいのだろうか。もうお分かりかと思うが、理系の記事である。すなわち科学記事である。「えっ、わたし完全に文系人間だし理系の英語なんてムリ、ムリ〜」と言う

あなた、そんなあなたにこそ科学記事は向いているのである。文系の人はフィクションというかファンタジーの世界が好きなようだが、「事実は小説よりも奇なり」という諺があるように、「科学は小説よりも奇なり」なのだ。この点だけをとっても、ファンタジー好きな人にこそ、いや、ファンタジー好きな人だからこそ、サイエンスの世界を満喫してもらえると思う。

　科学記事にはメタファや喩えがない代わりにロジックがある。つまり、比喩のような感性に訴えるものの代わりにロジックといった理性を必要とするものがある。このことから分かるように、科学記事を読めばロジカルな思考法がつくだけでなく、ある意味、「口喧嘩」の仕方も学ぶことができる。社会人になると分かることであるが、社会で生き抜いていくためには「口喧嘩」というか議論に勝ち続けないといけない。その意味でも、科学記事を読むことにより、社会で淘汰されないための「勝ち組に入るためのノウハウ」といったものもマスターできる。

　さて、ちょっと話が脇道に逸れてしまったが、科学記事は英語がネイティブでない人も読むことを想定して書かれていることもあり、いわゆるクセというものがそんなにない。また、科学記事で扱われているものは多かれ少なかれ機器や命にかかわるものであるということもあり、正しい英文法の知識をもっている人が読めば意味は1つにしかとれないように書かれている。もし2つの意味にとれたりしたら、それこそ機器が爆発しかねないし、それに死傷者も出かねない。そういったこともあり、実は科学記事というのは、アメリカ人だろう

が日本人だろうがフランス人だろうが、正しい英文法の知識をもっていれば誰でも書き手の意図することが理解できるようになっているのだ。そういった意味でも、科学英語こそが真の国際語であり英語の中の英語とも言える。

正確な英文法と最新科学の知識が同時に身につく「理系の英語上達法」のすすめ

　以上のことからお分かりの通り、意外に思われるかもしれないが、「英語の力」すなわち文法力をつけるには、科学記事が最高の教材だったりする。誤解のない英語を書くためには何をどうしたらいいのか、それを科学英語から学べるだけでなく、英語の勉強で一番大事な英文法もマスターでき、おまけに究極のファンタジーであるサイエンスの世界も知ることができる。さらには、人間の知性が今どういった方向に向かっているのかも知ることができるのだ。

　コミュニケーション・ツールとしての英語の真の姿を、そして現代社会の今を、さらには人間社会のこれからを、科学英語から学ぶことができるのである。文系・理系を問わず、科学英語こそが究極の英語教材と言えるのだ。

　本書は、「本書の使い方」に書いているようなスタンスのもとに、そして、この「はじめに」で語ったようなポリシーをもとに、科学英語を題材にして英文法のコアとなるものを皆さんに紹介していく。そして、英語を正確に読むにはどういった「禁断の英文法」を知らないといけないのか、これについても懇切丁寧に解説する。すなわち、本書は、科学英語か

ら英語の構造を学ぶとともに、読み進めるうちに英語をツールとして科学の世界を知るノウハウも同時に身につく本であるのだ。

　ちなみに、本書に書かれていることは、実は、私の授業内容をコンパクトにまとめたものである。私は、職場の東京農工大学で生物言語学と（科学）英語を、そして出向先（というか出講先）の東京工業大学で理論言語学を教えているが、これらの授業内容をうまくブレンドし、そして1冊の本にまとめ上げたのが本書なのである。本書を読まれることにより、読者の皆さんには、理工系の大学で科学系の記事をもとに、しかも理論言語学の知識を武器にして生の英語を教えるとどうなるのか、その雰囲気だけでも分かってもらえるのではないかと思っている。また、本書で紹介されている英語の読みを実践することにより、英語を読むということに対して、自分の中で何かが確実に変わりつつあることに気づいていただけるものと思っている。いずれにせよ、本書を通読することにより、「理系の人はなぜ英語の上達が早いのか」という問いに対して自分なりの答えを見つけてもらえたらと思っている。

　最後になるが、本書を通して、科学英語から英語を学ぶ楽しさを体験してもらえたらと思う次第である。読者諸氏の健闘を願う。

2011年　早春

　　　　　　　　　　　　　　　　　　　　畠山　雄二

目次

理系の人は なぜ英語の上達が 早いのか

はじめに——英語学習は「何」を読むかで成果が決まる………003
本書の使い方………018

第1講　**無生物主語**
　　　　　英語は他動詞を多用する………022

この文の主語ってホントに主語なの？

Giving the stone an initial spin generates a gyroscopic effect that minimizes tilting after each impact.

(*Scientific American*, April 2003)

第2講　**外置**
　　　　　英語は文末にあるものに焦点が置かれる………039

この文の 'Hopes' の内容って何だろう？

Hopes are high that in the near future, robots will be personable humanoids that can walk the dog, work as salespeople and make good conversation.

(*Nature*, May 2004)

第3講　**前置詞と前置詞句**
　　　　　修飾関係を見抜く………057

この文の文末にある2つの前置詞句はどこを修飾しているの？

Invading species are commonly believed to succeed by outcompeting natives for vital resources.

(*Scientific American*, November 2003)

第4講　強調表現

主観を述べる時のコツ………075

この文に出てくる as much as 5° F って 5° F だけじゃダメなの？

In areas with large amounts of contrails, variations were as much as 5° F.

(*Popular Science*, November 2002)

第5講　句読点

接続詞に置き換えて解釈する………091

この文のコロンをことばに置き換えるとどうなる？

Though the study wasn't designed as a product review, its results are striking: out of 40 programs, Google's ranked in the top three in every category.

(*Newsweek*, December 2006)

第6講　接続詞

and、or、but をバカにするなかれ………106

この文の最初に出てくる or って何と何を結んでいるの？

Scientists at Johns Hopkins University selected 36 spiritually active volunteers, who might interpret the experiences best, and disqualified potential subjects who had a family or personal risk for psychosis or bipolar disorder.

(*Scientific American*, September 2006)

第7講 **副詞**

haveと過去分詞の間は副詞の定位置………131

この文の have と suspected に挟まれている long って何？

Scientists have long suspected that bottlenose dolphins might be nearly as intelligent as great apes.

(*Popular Science*, September 2001)

第8講 **否定と肯定**

外見ではなく意味で考える………145

この文は肯定文、それとも否定文？

Though little danger exists in today's 30-minute ferry ride across the Strait of Messina, planners eager to speed up the crossing imagine a new kind of colossus.

(*National Geographic*, September 2003)

第9講 **倒置**

ひときわ英語らしい表現………163

この文は1文、それとも2文？

"That's certainly the implication," says Robert Sack, medical director of the sleep disorders clinic at Oregon Health and Science University in Portland, Oregon. "However, we would need more study before we jump to that conclusion."

(*Popular Science*, September 2001)

第10講 話題化構文

　　　話題になっているものは文頭に………177

文頭にある Why they're so vulnerable って
最初からこんなところにあったの？

Why they're so vulnerable, no one knows; they may be more susceptible to carcinogens.

(*Newsweek*, January 2004)

「科学雑誌」のお勧めウェブ・サイト………186
あとがき………189

本書の使い方

「禁断の英文法」とは

「はじめに」において、文系・理系を問わず、科学英語こそが最良の英語教材だと書いた。さて、その科学英語であるが、科学記事といえども普通の英語で書かれてあり、普通の英語が読めれば、理屈の上では、科学英語だって読めるはずだ。でも、実際は、読めない。つまり、どういうことかというと、科学英語が読めない人は、「科学英語」というものが読めないのではなく、そもそも英語そのものが読めなくて、それで科学英語も読めなかったりするのだ。

　科学英語が読めるようになるには、まず、普通の英語がスラスラと、しかも正確且つ精確に読めなくてはならない。でも、この「スラスラと、しかも正確且つ精確に読める」というのが難しい。それもそのはず、いわゆる受験英語の知識だけでは「スラスラと、しかも正確且つ精確に読める」ようにはならないからだ。

　受験英語は、知っておかなければならない英文法の知識のワン・オブ・ゼムにしか過ぎないのである。つまり、大学受験で学ぶ文法の知識は、英文法の基礎の基礎で、文字通り、知らなければならない知識の必要最小限のものに過ぎないのだ。受験英語は、文字通り、知らなければいけない文法知識の氷山の一角（の氷ひとかけら）なのである。

　では、なぜ学校では氷山の一角（の氷のひとかけら）しか教えてもらえないのであろうか。それは、ストレートに言うと、

学校の先生はそういった知識を知らなかったり、知っていても教えるのが面倒くさかったり、指導要領の関係で（教えたくても）教えることができなかったりするからだ。でも、これから本書で紹介する「禁断の英文法」とも呼べるものを知ると、まさに「スラスラと、しかも正確且つ精確に読める」ようになるのだ。そして、その結果、今まで無理だと思っていた科学記事もちゃんと読め、しかも内容をしっかり理解することができるのだ。

「禁断の英文法」とは、実は、英語ネイティブの頭の中にある文法のことである。つまり、英語ネイティブの頭の中にある「脳内文法」、それがここで言う「禁断の英文法」であるのだ。

　この「禁断の英文法」をマスターすれば、英語ネイティブと同じ感覚で、そして英語ネイティブと同じロジックで英語を操ることができるようになる。その意味では、今真に求められている英文法、それは、受験英語をはじめとした学校文法ではなく、他ならぬ「脳内文法」すなわち「禁断の英文法」であるのだ。

「禁断の英文法」を知らずして英語の本当の姿を知ることはできないのである。

本書の構成について

　本書の各章はどれも4部構成からなっている。まず第1部の**「まずは英文法をしっかり押さえよう！」**であるが、これは「禁断の英文法」に関するものである。これまで学んだことのない英文法の「裏の世界」をこの第1部で紹介するが、

まずはこの第１部をしっかり読み込んで、「スラスラと、しかも正確且つ精確に読める」ようになる裏ワザをマスターしてもらいたい。この第１部を読むだけでも、あなたの英語力はグンと伸びることであろう。

続く第２部の「**実際の科学記事に挑戦！**」では、第１部でマスターした「禁断の英文法」を武器にして、実際の科学記事のショート・センテンスを読んでいく。そして、科学英語の世界を皆さんといっしょに堪能していきたいと思う。この第２部で、「スラスラと、しかも正確且つ精確に読める」ためには「禁断の英文法」が不可欠で、この「禁断の英文法」をしっかりマスターしていればどんな英語でも攻略できることを体感してもらえるかと思う。

第３部の「**科学英語から英文法と科学の世界を学ぶ**」では、第１部と第２部で話したことを簡単にまとめた上で、科学英語を読みながら文法を学ぶことがいかに楽しく、しかも効率のいい勉強方法であるのかを再確認する。また、ここでは、章の冒頭で挙げた科学記事の内容とその背景についてかいつまんで紹介し、科学の最先端では何が起きているのかを簡単に且つ軽く触れてみたいと思う。そして、科学英語を読めば（英文法がマスターできることもあり）英語の力がつくばかりでなく、こんなスリリングな現代社会の「今」を感じとれるんだ、ということを知ってもらえたらと思っている。

最後、第４部の「**名言から学ぶ英文法ワンポイント・レッスン**」であるが、ここでは、名言や箴言を通して、ちょっとした英文法のワンポイント・レッスンをしたいと思う。つまり、含蓄のあるショート・センテンスを味わいながら、さらに英

文法をマスターしていこう、ということである。さしずめ、第4部は、第1部で紹介する「禁断の英文法」のサプリメント的なものだと考えてもらっていいかもしれない。あるいは、「禁断の英文法」を読み「もっと英文法の裏の世界を知りたいよ〜」という英文法中毒者（グラマー・アディクト）のためのニコチンパッドならぬグラマー・パッドと位置づけてもいいかもしれない。

　このように、本書はすべての章が4部からなっており、知りたかったけど知ることができなかった「禁断の英文法」をマスターしながら、最終的に英語が正確且つ精確に読めるよう手ほどきしている。また、名言や箴言に触れながら、「禁断の英文法」をフォローアップしていくとともに、さらに英語力がブラッシュアップされ、おまけに、皆さんの英文法の知識がバージョンアップされるよう工夫している。4つの部門が互いに相補いながらも有機的に結びつき、そして英文法の世界をいろんなアングルから眺められるようにしている。

　読者の皆さんには、本書を通読していただき、英文法の本質を体得しつつ、それと平行して科学英語の世界を体感していただければと思っている。

第1講

無生物主語
英語は他動詞を多用する

この文の主語ってホントに主語なの？

Giving the stone an initial spin generates a gyroscopic effect that minimizes tilting after each impact.

(*Scientific American*, April 2003)

1 まずは英文法をしっかり押さえよう！

「英語らしい表現」と言った時、皆さんは何をイメージするだろうか。日本語にはない単数と複数の区別であろうか。それとも、冠詞の有無であろうか。あるいは、否定か否かを最初の方で言うということだろうか。数え上げればきりがないし考えるときりがない。が、意外と盲点であるのが、「やたらと他動詞を使う」ということである。つまり、わざわざ他動詞を使って言わなくてもいいところをあえて SVO や SVOO や SVOC の形にして言う、ということが挙げられる。

たとえば、次の例であるが、

(1) This train will take you to Meguro.

　日本語の感覚で考えると（というか日本語に訳すと）「この電車に乗れば目黒に行ける」というように、主語（This train）を副詞的に解釈するとうまくいく（日本語訳では、This train が「この電車に乗れば」と副詞的に訳されていることに注意）。また、全体的に自動詞の文として訳すと自然な日本語になる（take you が「行ける」というように自動詞的に訳されていることに注意）。

　同じように、次の例にしても、

(2) Half a million yen will enable you to purchase that vintage guitar.

　日本語の感覚で考えると（というか日本語に訳すと）「50万円もあればあのビンテージのギターが手に入れられるよ」というように、主語（Half a million yen）を副詞的に解釈するとうまくいく（日本語訳では、Half a million yen が「50万円もあれば」と副詞的に訳されていることに注意）。また、全体的に自動詞の文として訳すと自然な日本語になる（enable you が「手に入れられる」といったように自動詞的に訳されていることに注意）。

　このことから分かるように、日本語だったら副詞的に解釈するところをあえて主語で表し、さらに、日本語の感覚だと

自動詞であるものをあえて他動詞で表すこと、これが「英語らしさ」と言えよう。

これまでの話からお分かりのように、ポイントとなるのは、「日本語だったら副詞的に解釈されるものを英語では主語として扱う」ということだ。これは何を意味しているかというと、(1) を例にとると、

(1) This train will take you to Meguro.
（この電車に乗れば目黒に行ける。）

主語 This train は潜在的に文であり、文であるからこそ副詞的に解釈することができる、ということだ。上の文の網がかかっているところを再度よく見られたい。

では、このことを踏まえた上で、今度は次の文を見てもらいたい。

(3) Al Qaeda's destruction of the WTC shocked the world.

この文も「アルカイーダが世界貿易センタービルを破壊したので世界中の人が驚いた」というように、主語のところを副詞的に訳し（日本語訳では、Al Qaeda's destruction of the WTC が「アルカイーダが世界貿易センタービルを破壊したので」と副詞的に訳されていることに注意）、さらに、文全体を自動詞的に訳すと日本語として自然になる（shocked the world が「驚いた」といったように自動詞的に訳されている

ことに注意）。

　先ほど、日本語で副詞的に解釈されるところには、その背後に文が隠されていると書いたが、上の（3）では、その文がシースルーの形になっている。つまり、透けて見える形になっている。というのも、（3）の主語はもともと次のような文であったからだ。

(4) Al Qaeda destroyed the WTC.

　これらのことからお分かりの通り、（3）を正しく解釈するには、まず、（3）の主語（つまり Al Qaeda's destruction of the WTC）が（4）の文を圧縮したものであることを知る必要があるのだ。

　上の（3）では、文を名詞に圧縮したものが主語の位置にきているが、目的語の位置にくることだってもちろんある。次の文を見てみよう。

(5) Amazon is now selling more e-books than hardcover books. The shift represents a milestone in the emergence of digital reading and signals Amazon's continued dominance of the e-book market with its Kindle e-reader.（*Financial Times*, July 20, 2010）
（意訳：アマゾンでは今、ハードカバーの本より電子書籍の方が売り上げがある。これは、デジタル読書到来の画期的な出来事であるとともに、アマゾンのキンドルがこ

れからも電子書籍分野で勢力をもち続けることを意味している。)

2つめの文をよく見てもらいたいのだが、signals という他動詞が Amazon's continued dominance of the e-book market with its Kindle e-reader という目的語をとっている。もうお分かりかと思うが、この名詞表現は、もともと次のような文であったのだ。

(6) Amazon dominates the e-book market continually with its Kindle e-reader.

(6) からどのようにして Amazon's continued dominance of the e-book market with its Kindle e-reader という名詞表現が生まれたのか簡単に見ておこう。まず、Amazon が所有格の Amazon's になり、dominates が名詞の dominance になる。そして、continually が形容詞の continued になり、この dominance を修飾する。さらに、the e-book market が前置詞 of を伴って dominance の目的語となる。最後に、with its Kindle e-reader をそのまま Amazon's continued dominance of the e-book market にくっつけて Amazon's continued dominance of the e-book market with its Kindle e-reader ができ上がる。なお、(5) では、Amazon's continued dominance of the e-book market with its Kindle e-reader が主語ではなく目的語として使われているので、この名詞表現を副詞的に解釈する必要がなければ、文を自動詞的に解釈す

る必要もない。

最後に、日本語では自動詞が好まれるが英語では他動詞が好まれるという、その典型的な例を1つ紹介しよう。

(7) "I remember hearing my girlfriend scream." Patrick Sims, 18, recalls the tragic sounds of a car accident last year in which he killed a bicyclist.（*Newsweek, October 2006*）
（意訳：「カノジョがキャーと言ったのは覚えています。」18歳の Patrick Sims は、昨年、自転車に乗っていた人をひいて殺してしまったのであるが、その時の悲劇的な音のことを覚えている。）

上の文のとくに in which he killed a bicyclist のところを見てもらいたい。日本で交通事故があった時、普通、「○○が死亡した」とか「○○が亡くなった」という風に表現される。間違っても加害者を主語にして、「△△が○○をひき殺した」とか「△△が○○を殺した」とか「△△が○○を殺害した」とは言わない。つまり、あえて自動詞で言うことにより、他殺であることを隠している。一方、英語ではどうかというと、上の例にもあるように、kill という他動詞を使って他殺であることを明確にする。同じ事故であっても、日本語で表現するか英語で表現するかにより、加害者の犯した罪（つまり他殺）が全面的に出されたり消されてしまったりするのだ。この点、日本語は加害者にとって都合のいい言語であると言えよう。

何はともあれ、このように、英語では他動詞を好むことも

あり、日本語だったら副詞で表現するところを主語として表現し、それに伴い、さらに文を名詞に圧縮したりする。この一連のプロセスならびに英語のクセをマスターすることにより、英語を正しく、そしてスピーディーに読めるようになるのだ。このことから分かるように、実は、私たち日本人が英語をちゃんと理解するには、「日本語でまずは考えてみる」というのが大事だったりする。英語を英語のまま理解するなんていうのは（バイリンガルでもない限り）無理である。私たち日本人は日本語から解放されることはまずない。「英語は英語のまま理解しよう！」といった誇大広告ならぬ誇大スローガンをあまり鵜呑みにしない方がよい。

2 実際の科学記事に挑戦！

では、上で見たことを踏まえて次の例を見てみよう。

(8) Stick insects' resemblance to twigs hides them from predators.（*Scientific American*, March 2003）
（意訳：ナナフシは小枝に似ているので、天敵から身を隠すことができる。）

まず、主語の Stick insects' resemblance to twigs に注目してもらいたいが、もうお分かりの通り、この主語の背後には次のような文がある。

(9) Stick insects resemble twigs.

　上の文が名詞に圧縮されたもの、それが (8) の主語 Stick insects' resemblance to twigs である。よって、(8) の主語を副詞的に解釈し（上の意訳では、Stick insects' resemblance to twigs が「ナナフシは小枝に似ているので」と副詞的に訳されていることに注意）、さらに、文全体を自動詞的に訳してやるとこなれた訳になる（hides them が「身を隠すことができる」といったように自動詞的に訳されていることに注意）。

　このように、いわゆる無生物主語構文（つまり、主語が副詞的に解釈される構文）の本質となるところをしっかりマスターすれば、上のような文も難なく解釈することができるのだ。そして、上のような例から英語のコア（核）となるところをしっかりマスターすることができるのだ。

　英語のコアとなるところを、次の例から、さらに、私たちは学ぶことができる。

(10) The compounds curb necrophoresis, the removal of dead colony members by fellow workers.
(*Scientific American*, July 2009)
（意訳：これらの化学物質により、necrophoresis、つまり仲間によって死骸が巣から運び出されることが抑制される。）

　necrophoresis といった聞き慣れない単語の後ろにコンマ

があるが、これは同格のコンマである。よって、このコンマの後ろにある the removal of dead colony members by fellow workers は、コンマの前にある necrophoresis を補足説明している。

さて、ここで、necrophoresis と同格の関係にある the removal of dead colony members by fellow workers をよく見てもらいたい。読者の皆さんはもうお分かりかと思うが、この名詞表現は次の文を圧縮したものである。

(11) Fellow workers remove dead colony members.

ただ、ここで1つ問題がある。それは、普通、上の（11）を名詞に圧縮すると次のようになるが、

(12) fellow workers' removal of dead colony members

どういうわけか、（10）では（13）になっているということだ。

(13) the removal of dead colony members by fellow workers

これは何を意味しているかというと、文を名詞に圧縮するにあたっては、（12）のように、所有格を使って主語を表すこともできれば、（13）のように、by を使って表すこともできるということだ。したがって、（10）は次のように書き表すこ

ともできる。

(14) The compounds curb necrophoresis, fellow workers' removal of dead colony members.

さらに言うと、(11) の受動文は次のようになるが、

(15) Dead colony members are removed by fellow workers.

これは次のような名詞表現に圧縮することができる。

(16) dead colony members' removal by fellow workers

　ここで勘のいい人は「あっ……」と思ったかと思うが、文レベルでの能動態では意味上の主語を by で表すことができないが（by を使えるのは、通常、能動文ではなく受動文であることに注意）、名詞レベルでの能動態では by で表すことができるのだ（(13) を参照）。
　このように、何の変哲もない（こともない）(10) のような文からも、英語のコアとなるところを十分学ぶことができるのだ。
　では、これまでのことを踏まえた上で、第 1 講の冒頭の文を解釈してみよう。

(17) Giving the stone an initial spin generates a gyroscopic effect that minimizes tilting after each impact. (*Scientific American*, April 2003)
（意訳：最初にスピンを利かすと、ジャイロスコープ効果が生まれ、その結果、石と水面の角度が最小限に抑えられる。）

 この文の主語 Giving the stone an initial spin に注目してもらいたいが、これも一種の名詞表現である。つまり、文を圧縮したものである。というのも、giving は動名詞という名詞の一種であり、もともとは give という動詞であったからだ。ようするに、もうお分かりかと思うが、上の文の主語 Giving the stone an initial spin は、もともと次のような文であったのだ。

(18) One gives the stone an initial spin.

 主語の One は一般的な人を指していると考えてもらいたい。
 (17) の主語 Giving the stone an initial spin はもともと文 (18) であり、それが名詞に圧縮されてできたものである。よって、(17) を解釈するにあたっては、主語を副詞的に解釈し（上の意訳では、Giving the stone an initial spin が「最初にスピンを利かすと」と副詞的に訳されていることに注意）、さらに、文全体を自動詞的に訳してやるとこなれた訳になる（generates a gyroscopic effect が「ジャイロスコープ効果が

生まれ」といったように自動詞的に訳されていることに注意)。

　無生物主語構文とは、主語がもともと文であった構文であり、そのようなこともあって、主語を副詞的に解釈すると意味がちゃんと理解できたりする。そして、それに付随して、文全体を自動詞的に訳すと、日本語としてこなれた訳にもなったりする。このように、無生物主語構文というのは、意味を考えるにあたって手間がかかるが、この手間は、英語の他動詞好きに由来するのである。逆に、日本語は自動詞好きということもあり、英語ネイティブが日本語の自動詞文を解釈するにあたっては、上と逆の思考をしないといけなかったりする。そんなこんなで英語と日本語は「お互い様」の関係にあるのだ。

3 科学英語から英文法と科学の世界を学ぶ

Giving the stone an initial spin generates a gyroscopic effect that minimizes tilting after each impact.
(*Scientific American*, April 2003)

　上の文は「水切り」(つまり、川でよくやるあの「飛び石」のこと)を扱った記事(Skipping for Smarties)からとったものであるが、こういった科学系の文からも、というかこういった科学系の文からこそ、英語のコアとなるところを学ぶことができるのだ。そして、こういったよくある文を理解す

るにしても、無生物主語構文のコアとなるところをちゃんと理解していないとできなかったりするのだ。

　さて、上の文を扱った記事では、水切りをいかにうまくやるかを物理学の観点から説き明かしているのであるが、この研究をやった研究者によると、水切りの世界記録である38回というのは、毎秒14回の速さでスピンしながら12メートル飛んでいることになるらしい（According to his equations, the world record for skips, 38, corresponds to a stone flying 12 meters and whirling 14 times a second）。12メートルを38ステップで飛んだということは、単純計算すると、1ステップを32センチ程度で飛んでいることになる。ほとんど水面を走っている感じであろう。また、石の回転速度が毎秒14回だとのことだが、ほとんどコマである。水切りの世界記録保持者が水切りをすると、おそらく、コマが水面を走っているかのように見えるのであろう。

4 名言から学ぶ英文法ワンポイント・レッスン

We are what we repeatedly do. Excellence, then, is not an act, but a habit.
（意訳：私たちは繰り返し行うことの産物である。よって、優秀さというのは、行動のことではなく慣習のことである。）

　これは言わずとしれた Aristotle（アリストテレス）のこと

ばであるが、2つめの文（Excellence, then, is not an act, but a habit.)に注目してもらいたい。受験英語でよく見かける 'not α but β' があるが、原則、α と β には同じタイプのものがくる。それもそのはず、第6講で詳しく見るように、and や but、それに or といった等位接続詞は、同じタイプのもの同士を結びつけるからだ。したがって、not α but β で α に名詞句がきたら β にも名詞句がこないといけないし、α に前置詞句がきたら、同じように β にも前置詞句がこないといけない。そのようなこともあり、上の名言の2つめの文(Excellence, then, is not an act, but a habit.) でも、α に名詞句 an act がきているからこそ、β にも a habit という名詞句がきているのである。

ちなみに、このアリストテレスのことばと似たものに次のようなものがある。

心が変われば行動が変わる
行動が変われば習慣が変わる
習慣が変われば人格が変わる
人格が変われば運命が変わる
運命が変われば人生が変わる

これは松井秀喜選手の座右の銘として知られているが、「ほんと、その通りだな〜」と膝をポン♪と叩きたくなってしまう名言だ。なんか「風が吹けば桶屋が儲かる」ような話というかロジックではあるが、人生で成功を収めている人なら誰でも、この名言のいわんとしていることが分かるのではなか

ろうか。

では、上の not α but β の公式を頭に置いた上で、今度は次の名言を見てみよう。

True genius lies not in doing extraordinary things but in doing ordinary things extraordinarily well.
(意訳:真の天才というのは、とんでもないことをする人のことではなく、普通のことをとんでもなくうまくする人のことである。)

これは Louis H. Wilson, Jr.(米海軍の司令官)のことばであるが、ここでも、'not α but β' の α と β に同じタイプのものがきている(ここでは前置詞句がきていることに注意)。しかも、両方とも in ～ing の形になっていて見た目も「うり二つ」の形になっている。

さて、この Wilson のことばであるが、このことばも「真実(の一面)を突いているな～」と思ってしまう。私の周りにも「こいつはデキルな」と思える人が(数人だけ)いるが、そういった人は、皆、(1) 普通の人なら見過ごしてしまうようなことでもしっかりと気にとめ、(2) アイデアがユニーク且つクリエイティブであるばかりか、そのアイデアをちゃんとワークアウトするだけの(馬)力をもっていて、さらには、Wilson が言うように、(3) 普通のことを並外れたうまさでやってのけたりする。私が考える「デキル人」というのは、まさにこの3つの条件をすべて兼ね備えた人のことだ。

では、今度は、次のキング牧師(Martin Luther King, Jr.)

の有名なことばを見てみよう。

I have a dream that my four little children will one day live in a nation where they will not be judged by the color of their skin, but by the content of their character.
（意訳：私には夢がある。私の4人の子どもたちがいつの日か、肌の色ではなく人格によって評価される、そんな国で過ごせる日がくることを。）

ここでは、先ほどの 'not α but β' の規則が守られていない。規則通りに言い換える（パラフレーズする）と次のようになる。

I have a dream that my four little children will one day live in a nation where they will be judged not by the color of their skin, but by the content of their character.

　上のパラフレーズしたものと原文は意味的に同じである。原文を読んだら、すぐに、上のパラフレーズした文が頭の中に浮かぶぐらいでないとダメだ。もうお分かりかと思うが、そのようにできるためにも、英文法の力が必要であるのだ。
　さて、上のキング牧師の「夢」であるが、これは、オバマ氏の大統領就任によって叶えられたと言ってもいいであろう。非暴力のスタンスのキング牧師もいいのではあるが、暴力を容認するマルコム X（Malcolm X）のスタンスも私は好きだ。とはいうものの、私は、キング牧師やマルコム X に勝ると

も劣らないと思われるマイケル・ジャクソンが一番好きだったりする。彼の『Black Or White』のプロモーションビデオを見ても分かるように、彼ほど肌の色の問題（人種問題）を一般の人に分かりやすい形でアピールした人もそういないと思う。

第2講

外置

英語は文末にあるものに焦点が置かれる

この文の 'Hopes' の内容って何だろう？

Hopes are high that in the near future, robots will be personable humanoids that can walk the dog, work as salespeople and make good conversation.

(*Nature*, May 2004)

1 まずは英文法をしっかり押さえよう！

　第3講で詳しく述べるが、前置詞句を見たら、それがどこを修飾しているのかよく考えないといけない。これを怠ると正しく英語が読めなくなる。つまり、英文を正しく解釈することができなくなる。では、これを踏まえた上で、次の文を見てみよう。

(1) A man came into the room with blond hair.

文末に with blond hair という前置詞句があるが、さて、これはいったいどこを修飾しているのであろうか。

　修飾というのは、原則、隣にあるもの同士で行われる。したがって、まず考えられるのは、直前の the room を修飾している解釈である。

(2) A man came into <u>the room</u> [with blond hair].
　　　　　　　　　　　　↑──────修飾──────┘

　でも、「金髪の部屋」なんていうのはありえない。部屋が金色の髪の毛でいっぱいであるとか、部屋の壁や床から金色の毛が生えているという状況もなくはないが、でもない。ありえない話というかありえない状況である。したがって、with blond hair が the room を修飾する解釈は、可能性としては一番ありそうではあるが、ボツである。

　次に考えられるのは、with blond hair という前置詞句が、動詞句 came into the room を（副詞的に）修飾している解釈である。

(3) A man <u>came into the room</u> [with blond hair].
　　　　　　　↑──────修飾──────┘

　この場合、「金髪で部屋に入っていった」と解釈されることになるが、完全に意味不明である。また、「金色の髪の毛を手にもって部屋に入っていった」と解釈できないこともないが、これも不自然である。シュールすぎる。意味不明ではないが、

きわめて不自然なシチュエイションである。したがって、with blond hair が動詞句 came into the room を修飾する解釈もボツである。

さて、困った。文末にある with blond hair はいったいどこを修飾しているのだろうか。残る可能性は、文頭にある（というか主語の）A man を修飾している解釈である。

(4) <u>A man</u> came into the room [with blond hair].
　　　└──────修飾──────┘

この場合、「金髪の男が部屋に入ってきた」という解釈になる。この解釈はまともでありナチュラルである。実際ネイティブも (1) をこのように解釈する ((1) を下に繰り返す)。

(1) A man came into the room with blond hair.

このことから分かるように、実は、(1) の文末にある前置詞句 with blond hair は、文頭にある名詞句（つまり主語の）A man を修飾しているのだ。

ようするに、(1) はあたかも次の文を読んでいるかのように解釈されるのである。

(5) A man with blond hair came into the room.

というか、そのように解釈するのが自然であるとともに常識的であり、しかも理にかなっているのである。

これはいったい何を意味しているのだろうか。そうである、(1) は、実は (5) を元にしてつくられているのである。つまり、次の (6) にあるように、もともと主語の内部にあった前置詞句 with blond hair が文末に移動しているのである。

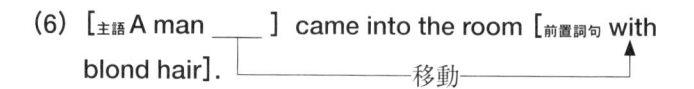

(6) [主語 A man ＿＿＿] came into the room [前置詞句 with blond hair]. ←──移動──

　では、なぜ (5) では ((6) に見られるように) 前置詞句が文末に移動しているのだろうか。この「なぜ」に答えるには、(1) と (5) の意味の違いというかニュアンスの違いに注目する必要がある ((1) と (5) を下に繰り返す)。

(1) A man came into the room with blond hair.
(5) A man with blond hair came into the room.

　とはいうものの、読者のほとんどが、「えっ？ (1) と (5) は意味いっしょじゃないの？　違うの？」と思うことであろう。でも、実は、(1) と (5) は意味が違うのだ。というか、読み手に伝えたいところがビミョーに違っているのだ。もっと分かりやすく言うと、文の中で強調したいところが微妙に、でもハッキリと違うのである。では、ここで、(1) と (5) の意味の違いについて考えてみよう。
　まず (1) であるが、(1) をしいて訳すと「ある男が部屋に入ってきたんだが、そいつは金髪だった」というようになる。つまり、この文は、(部屋に入ってきた) 男の容貌 (というか

風貌）に焦点が置かれているのだ。一方、(5) であるが、こちらは、「金髪の男が部屋に入ってきた」という意味になる。つまり、金髪の男がどうしたのか、その「どうした」の部分に焦点が置かれているのである。

ようするに、これらの（微妙な）意味の違いから分かるように、英語という言語では、実は、文末にあるものに焦点が置かれているのだ。

(7) A man came into the room <u>with blond hair</u>. (=(1))
　　　　　　　　　　　　　　　　　　↑
　　　　　　　　　　ここにスポットライトが当たっている
（意訳：ある男が部屋に入ってきたんだが、そいつは金髪だった）

(8) A man with blond hair <u>came into the room</u>. (=(5))
　　　　　　　　　　　　　　　↑
　　　　　　　　　　ここにスポットライトが当たっている
（意訳：金髪の男が部屋に入ってきた）

換言すると、文末にあるものに一番スポットライトが当てられているのである。さしずめ、文末は（ジュリアナ東京の）「お立ち台」であるのだ（若い人で「お立ち台」が分からない人は、近くにいるおじさんに「ジュリアナ東京のお立ち台って何？」と聞いてみるといいだろう）。

2 実際の科学記事に挑戦！

では、上で見たことを踏まえた上で、次の例を見てみよう。

(9) The researchers predict that more examples exist in which complex structures re-evolved.（*Scientific American*, March 2003）
（意訳：研究者たちは、このように複雑な器官が再進化した例が他にもあるのではないかと考えている。）

文末にある in which complex structures re-evolved は、意訳からも分かるように、従属節（つまり that 節）の主語 more examples を修飾している。つまり、(9) はもともと次のような文であったのだ。

(10) The researchers predict that more examples in which complex structures re-evolved exist.

ようするに、上の文の in which complex structures re-evolved を文末に動かすことにより、この部分にわざわざスポットライトを当てて目立たせているのである。

ちなみに、(in which complex structures re-evolved といった) 前置詞＋関係代名詞は関係副詞に書き換えることができるが、このことを念頭に置くと、次の文も簡単に読み解くことができる。

(11) The time has come when we should prepare for the exam.

もちろん、この文は、次に示されるように、when we should prepare for the exam という関係節が文末に動かされてつくられている。

(12) [The time ___] has come [when we should prepare for the exam].
　　　　　└──────移動──────┘

では、次の例を見てみよう。

(13) Work is scheduled to begin in 2005 on the world's largest suspension bridge ── the first permanent link between Sicily and the Italian mainland.
(*National Geographic*, September 2003)
（意訳：世界最長の吊り橋が2005年につくられようとしているのだ。その橋は、イタリア本土とシチリアを永続的に結ぶものとしては、これまでで最初のものとなる。）

意訳を見るまでもなく、前置詞句 on the world's largest suspension bridge は Work を修飾している。ようするに、これまでの話から分かるように、この文は、次に示されるよ

うに、前置詞句が文末に移動することによってできているのだ。

(14) [Work ___] is scheduled to begin in 2005 [on the world's largest suspension bridge].
　　　　　　　　　　———移動———

そして、このように the world's largest suspension bridge の部分を後ろに動かしたからこそ、the world's largest suspension bridge の補足説明として、さらに、——the first permanent link between Sicily and the Italian mainland を付け加えることができるのである。上の文 (13) に比べて、次の文 (15)–(16) がいかに読みにくいか、一読してすぐに分かることかと思う。

(15) Work on the world's largest suspension bridge —— the first permanent link between Sicily and the Italian mainland —— is scheduled to begin in 2005.

(16) Work on the world's largest suspension bridge is scheduled to begin in 2005 —— the first permanent link between Sicily and the Italian mainland.

このように、前置詞句を後ろに動かすことにより、文が読

みやすくなり、さらに情報を付け加えるのが楽になるのだ。

最後にもう1つだけ例を紹介しよう。

(17) Other studies, however, have shown no such effects, and no scientific consensus exists about the effect of long-term, low-level radiation on the brain and other organs. (*Popular Science*, February 2004)

(意訳：その一方で、そのような問題はないといっている研究もある。低いレベルの放射線を長期にわたって与えることにより、脳ならびに他の臓器がダメージを受けるか否かに関しては、科学者の間でもコンセンサスが得られていないのだ。)

この文の前置詞句 about the effect of long-term, low-level radiation on the brain and other organs も、上で見た例と同じように、主語の no scientific consensus を修飾している。つまり、頭の中では、次に示されるように、移動を表す矢印をイメージしながら読むといい。

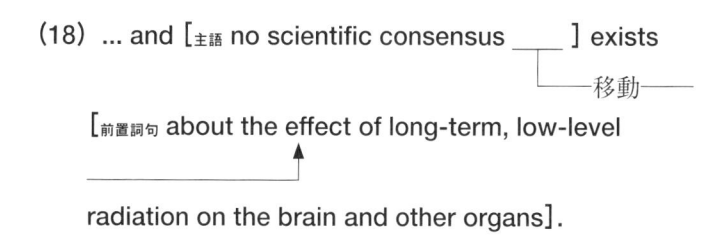

(18) ... and [主語 no scientific consensus ___] exists
　　　　　　　　　　　　　　　　　　　　└──移動──

　　[前置詞句 about the effect of long-term, low-level

　　radiation on the brain and other organs].

移動が起きる前の文(19)と比べても、移動が起きている文(17)の方がずっと読みやすいのが分かってもらえるかと思う((17)を下に繰り返す)。

(17) 前置詞句の文末への移動が起きているケース：
Other studies, however, have shown no such effects, and no scientific consensus exists about the effect of long-term, low-level radiation on the brain and other organs.

(19) 前置詞句の文末への移動が起きていないケース：
Other studies, however, have shown no such effects, and no scientific consensus about the effect of long-term, low-level radiation on the brain and other organs exists.

以上のことから分かるように、前置詞句を文末に動かすことにより、移動した前置詞句に焦点を置くことができるだけでなく、文を読みやすく、さらには文をアレンジするのが容易になるのだ。

さて、では、これまでのことを踏まえて、表題にある次の文を解釈してみよう。

(20) Hopes are high that in the near future, robots will be personable humanoids that can walk the dog, work as salespeople and make good conversation.

(*Nature,* May 2004)

（意訳：近い将来、ロボットが魅力的な人型ロボットになり、犬を散歩させてくれたり、セールスマンとして働いてくれたり、また、いい話し相手になってくれたりする、そういった可能性は高い。）

　この文は、これまでの話からも分かるように、that 節（つまり that in the near future, robots will be personable humanoids that can walk the dog, work as salespeople and make good conversation）がもともと Hopes の後ろにあり、それが文末に移動してできているのである。つまり、次に示されるように、Hopes と同格の関係にある that 節が、Hopes から切り離され、そして文末に置かれることによってつくられているのである。

（21）[主語 Hopes ＿] are high [that in the near future, robots will be personable humanoids that can walk the dog, work as salespeople and make good conversation].

　　　　　　　　　─────移動─────

　移動が起きる前の次の文と比べても、(20) の文の方がはるかに読みやすく、しかも理解しやすいのが分かるかと思う。

（22）Hopes that in the near future, robots will be personable humanoids that can walk the dog, work as salespeople and make good conversation are high.

「後ろに移動されちゃってるけど……なんで？」かと言うと、それは、文を読みやすく、しかも理解させやすくするためであり、また、文末に移動した要素にスポットライトを当てるためでもあるのだ。

3 科学英語から英文法と科学の世界を学ぶ

Hopes are high that in the near future, robots will be personable humanoids that can walk the dog, work as salespeople and make good conversation.（*Nature*, May 2004）

　上の文はヒューマノイド（つまり人型ロボット）を扱った記事（Robots seek human inspiration）からとってきたものであるが、こういった文からこそ、英文法に見られる右方向への移動といったものを学ぶことができる。またその逆で、こういった文末への移動という「禁断の英文法」を知らない限り、上のような文を正しく読み解くことはできないのだ。
　さて、アシモをはじめとしたヒューマノイドは、日本が最先端の研究をしているわけであるが、その一方、他の国はどうかというと完全に後れをとっている。それはなぜかと言う

と理由は2つある。1つは、日本は鉄腕アトムなどをはじめとし、アニメなどでヒューマノイドが人間に対して優しく描かれてきた、というのがある。その一方、アメリカはどうかというと、トランスフォーマーやターミネーターのように、人間に優しいようにはあまり描かれていない。まずそのような文化的な背景があるからこそ、日本ではアシモのような人型ロボットが日本人に愛されながら開発されてきたというのがある。

　残りの1つであるが、それは宗教である。イスラム教やキリスト教では偶像崇拝が禁じられている。だからこそ、アメリカなどでは、ヒューマノイドのような一種の「偶像」をつくってそれを「崇拝」するようなことは許されないのだ。よって、アメリカのような先進国でもヒューマノイドだけはアンタッチャブルな領域であったのだ。一方、日本はと言うと、そのような縛りがないからこそ、アシモのようなヒューマノイドがこれだけ発達してきたというのがある。つまり、アシモのような人型ロボットは、日本で発達すべくして発達してきたと言っても過言ではないのだ。ただ、上の引用文にあるように、未来のアシモが犬の散歩をしてくれたり、営業マンの代わりに営業の仕事をしてくれたりするかというと、そこまではいかないかと思うが……。

4 名言から学ぶ英文法ワンポイント・レッスン

No great man ever complains of want of opportunity.
（意訳：偉大な人物で機会がないと愚痴をこぼす人なんかいない。）

これはアメリカの哲学者（というか思想家）Ralph Waldo Emerson のことばであるが、内容そのものには「異議なし！」である。そもそも、チャンスというのは人を選ぶものであり、「チャンスがこないかな〜」と言っている人にチャンスが訪れることはまずない。

それはそうと、この名言であるが、主語の No great man のところに注目してもらいたい。英語をそれなりに読み慣れている人なら既にお分かりのように、この No は形の上では great man を修飾しているが、意味的には動詞 complains を修飾している。だから、解釈するにしても、動詞を否定するような形で「不平不満をこぼさない」としなければならない。

同じことがマッカーサー（Douglas MacArthur）の次のことばにも言える。

In war there is no substitute for victory.
（意訳：戦争において勝利に代わるものは何もない。）

ここでも形の上では no は substitute を修飾しているが、意味的には（つまり実質的には）動詞 is を修飾している。

したがって、「代わるものはない」というように、存在を否定するような形で訳さないといけない。

では、今度は次の文を見てみよう。

Nothing is particularly hard if you divide it into small jobs.
（意訳：仕事は細切れにすればとくに難しいものなどない。）

これはマクドナルドの創始者である Ray Kroc のことばであるが、Kroc の言う通りである。逆に、どんなに小さい仕事であっても一気にドン！とくると処理に困る。問題は、小さく分けることのできない仕事が舞い込んできた時である。この手の仕事が舞い込んできた時は、そもそもその仕事は今処理しなければならないものなのか、そして、そもそも自分がやるべき仕事なのか考えてみることだ。この２つの問いのどちらか一方にでも「No」と答えられるのであれば、そんな仕事は依頼主に突き返すか無視するに限る。時間と体力は有限である。今やるべき仕事を、そして今できる仕事のみを着実にこなして結果を出すことが大事だ。学生とは違って社会人に必要なもの、それはプロセスではなく結果である。結果がすべてである。

さて、上の名言であるが、先の名言と同様に、主語のNothing に注意されたい。ここでは、否定の表現である No- が Nothing という名詞の中に組み込まれている。でも、ここでも、No- が Nothing という語を抜け出して（つまり、意味的に幽体離脱して）動詞 is を修飾している。だからこそ、

「とくに難しくはない」というように、「難しい」を否定するように解釈しないといけない。

　同じことが次のキュリー夫人（Marie Curie）のことばにも言える。

Nothing in life is to be feared. It is only to be understood.
（意訳：人生において恐れるべきものは1つもない。ただ理解しさえすればいいだけだ。）

　ここでも、Nothing の中の No- は動詞 is を否定している。ちなみに、このキュリー夫人の名言では、be to という受験英語で定番の表現が出てきている。しかも、不定詞 to の後ろにまた be 動詞が出てきていて面白い形になっている。さらに言うと、2つめの文（It is only to be understood）では、only によって be to がさらに強調され、「ほんと、することといったら理解することだけなんだから」といった感じの表現になっている。

　何はともあれ、キュリー夫人の言うように、理解してしまえば「なんだ、そんなことだったのか」となり、恐怖心が一気に安堵感へと変わったりする。英語についても同じことである。英文法をしっかり理解して英語のコアとなるところをちゃんとマスターすれば、英語なんて怖いところは何もないのだ。

　では、最後になるが、もう1つだけ名言を紹介しておく。

I have nothing to offer but blood, toil, tears, and sweat.
（私が提供できるのは、血と苦労、そして涙と汗以外何もない。）

　これは、イギリスの政治家チャーチル（Sir Winston Churchill）のことばであるが、ここでも、nothing の no- の部分が動詞 have を否定している。だから、「blood と toil、そして tears と sweat 以外（but）何も提供できるものはない」というように、have を否定して解釈しないといけない。

　さて、このチャーチルのことばであるが、受験英語を一生懸命やった人に限って、「あっ、nothing but というイディオムが隠れているな。nothing but ～で『～だけ』という意味だから『～だけ提供できる』と訳せばいいんだ」と考えてしまう。このように公式通り訳しても構わないが、でも、このように読んでいる限り英語は上達しない。やはり、上で見たように、nothing の no- が実質的にどこを修飾しているのか考えて読まない限り、英語はスラスラ読めるようにはならない。

　さらに言うと、nothing but の but は前置詞で「～を除いて」という意味であることも理解しておく必要がある。but がこのような意味をもっているからこそ、「～以外何もない」→「～しかもっていない」というように（再）解釈できるのだ。

　さて、ここまで分かったら、好きな女の子を落とすにあたり、'I want nothing but you'. をどう読んだらいいかもう分かるだろう。まず I want nothing と言って一息つく。この段階では、まだ、「俺は何もいらないんだ」としか言っていない。ここまで聞いた女の子は「えっ、何のことかしら……」と思う。そこで、一息ついたところで、but you と言うのだ。つまり、

「君以外はね」と言うのである。ようするに、「俺は何もいらないさ、君以外はね」と言うことにより、相手に「私だけを愛してくれているのね」と（再）解釈させるのである。nothing but をイディオムとして捉えていては好きな女の子をモノにすることもできないのだ。

　否定の表現については第8講で詳しく見る。

第3講

前置詞と前置詞句

修飾関係を見抜く

この文の文末にある2つの前置詞句はどこを修飾しているの？
Invading species are commonly believed to succeed by outcompeting natives for vital resources.

(*Scientific American*, November 2003)

1 まずは英文法をしっかり押さえよう！

「前置詞って何？」と聞かれてちゃんと答えられる人がいるだろうか。そして、「前置詞句って何？」と聞かれて痒いところに手が届くようにちゃんと答えられる人がはたしてどれだけいるだろうか。この2つの問いに間髪入れることなく答えられる人は、余程の文法オタクかと思うが、でも、英語を速く、そして正しく読めるようになりたいのであれば、この2つの問いの答えぐらいは知っておいた方がよい。

では、まず最初の問いである「前置詞って何？」から見て

いくことにしよう。「前置詞」であるが、これは英語で 'preposition' と書く。pre- は「前に」という意味のことばで、-position は「置く」という意味のことばである。だから、preposition で「**前**に**置**く**品詞**」（すなわち「前置詞」）という意味になるのである。が、ところで何の前に置く品詞なのだろうか。もうお分かりの通り、名詞である。実際、at にせよ in にせよ on にせよ、どの前置詞も、at the station や in the box、それに on the computer のように、前置詞の後ろに名詞を必ずとる。

このことから分かるように、前置詞とは、名詞の前に置かれる品詞のことである。別の言い方をすると、名詞を義務的にとる品詞、それが前置詞である。名詞を義務的にとるものと言うと、典型的には他動詞があるわけだが、その意味では、前置詞は他動詞の親戚みたいなものだと考えてよい。

では、このことを踏まえた上で、今度は「前置詞句って何？」について考えてみよう。この問いに答える前に、まず「前置詞句」の「句」について簡単に見ておきたい。「句」を英語で 'phrase' と言うが、句とは、簡単に言ってしまうと、「単語より大きいけれど文よりは小さいことばの単位」のことである。上で見たように、前置詞は義務的に名詞をとる。ここで、前置詞 at がその目的語として the station をとったとしよう。そうすると、この場合、前置詞をワンサイズ大きくした at the station という前置詞的な表現ができるわけだが、この「前置詞＋名詞」が他ならぬ前置詞句であるのだ。同じように、既にお分かりかと思うが、the station も厳密に言うと名詞ではなく名詞句ということになる。というのも、station という

名詞に the がついて名詞よりさらに大きい名詞的な表現になっているからだ。

さて、「句」ならびに「前置詞句」の意味が分かったところで、今度は前置詞句の働きについて見てみよう。まず次の文を見てもらいたい。

(1) John gave a guitar to Mary.

上の文には to Mary という前置詞句があるが、この前置詞句はなくてはならないものである。実際、to Mary をとってしまった次の文は（大事なものが欠けてしまっていて）ダメな文である（文頭にある＊という記号は、当該の文がダメであることを示している）。

(2) *John gave a guitar.

このように、どうも、前置詞句というのは、なくてはならないものであるらしい。が、次の文を見るとそうでもなさそうだ。

(3) John ate pizzas on the table.

上の文には on the table という前置詞句があるが、これはあってもなくてもどちらでもいい。というのも、この前置詞句をとっぱらってしまった次の文は何らおかしくないからだ。

（4） John ate pizzas.

　このことから、前置詞句には、なくてはならないものとあってもなくてもどちらでもいいものの2つのタイプがあることが分かる。したがって、英文を読むにあたっては、まず、前置詞句を見かけたら、それが義務的なものであるか、それともオプショナル（随意的）なものであるか見分け（というか見極め）る必要がある。ただ、これは意外と簡単で、動詞の意味さえ分かれば簡単に判断できる。実際、「あげる」といったら「誰に」あげるかが問題になるからこそ、(1) の to Mary は義務的なものだとすぐ分かる。一方、「食べる」といったら別にどこで食べるかは問題ではない（問題なのはあくまでも「誰が」「何を」食べるである）。よって、(3) の on the table は随意的なものだということになる。

　ある前置詞句が義務的なものだと分かったら、書いてある通りに解釈するなり訳したらよい。その一方、ある前置詞句が随意的なものだと分かった場合、この時は、「書いてある通りに解釈するなり訳したらよい」とは簡単にはいかない。というのも、この場合、その前置詞句がどこを修飾しているか考えないと（というか探り当てないと）いけないからだ。(3) の例を使ってこのあたりのことを具体的に見ていくことにしよう。

（3） John ate pizzas on the table.

　さて、皆さんは、上の文をどう解釈するなり訳すだろうか。

すぐに思いつく解釈というか訳は、「ジョンがテーブルの上にあったピザを食べた」というものである。これは、次に示すように、前置詞句 on the table が直前にある名詞 pizzas を修飾している解釈である。

(5) John ate pizzas [前置詞句 on the table].
　　　　　　　　　▲─────┘
　　　　　　　　　└──修飾──┘
　　（ジョンがテーブルの上にあったピザを食べた。）

前置詞句が名詞を修飾しているので、この場合は、前置詞句の形容詞的用法と呼ぶことができる。
(3) にはこのような解釈だけでなく、次の (6) に示されるような解釈もある。

(6) John ate pizzas [前置詞句 on the table].
　　　　　▲────────┘
　　　　　└────修飾────┘
　　（ジョンがテーブルの上に乗っかってピザを食べた。）

つまり、前置詞句 on the table が動詞 ate（ないし動詞句 ate pizzas）を修飾している解釈である。この解釈では、前置詞句が動詞（句）を修飾しているので、前置詞句の副詞的用法と呼ぶことができる。いずれにせよ、ジョンがテーブルの上に立つなり、あるいは座るなり、どちらにしても行儀の悪い食べ方をしていたという解釈である。

これらのことから分かるように、「(3)（= John ate pizzas on the table.）の文を訳しなさい」と言われたら、実は、最低

でも、「ジョンがテーブルの上にあったピザを食べた」と「ジョンがテーブルの上に乗っかってピザを食べた」という2つの訳を書かないと満点はもらえなかったりするのだ。ただ、どちらの解釈に絞ったらいいのか、これだけは文脈で決めるしかない。つまり、文法でできるのは可能な解釈のリストアップまでで、その中からベストな解釈をチョイスするには文脈の手助けが必要なのだ。したがって、ジョンが悪ガキであったら後者の解釈（つまり「ジョンがテーブルの上に乗っかってピザを食べた」という前置詞句の副詞的用法の解釈）をチョイスするのがベストであり、逆にジョンが育ちのいいおぼっちゃんだったら前者の解釈（つまり「ジョンがテーブルの上にあったピザを食べた」という前置詞句の形容詞的用法の解釈）をチョイスするのがベストである。

　このように、前置詞句がオプショナルなものの時、すなわち、あってもなくてもどちらでもいい随意的なものの時、それをどう解釈したらよいのか（つまり、どこを修飾させて読んだらよいのか）いろいろ考えないといけない。ちなみに上の(3)であるが、あともう1つだけ、やろうと思えばやれないこともない（けど実際はできない）解釈がある。それは、次に示されるように、前置詞句が主語の John を修飾している解釈である。

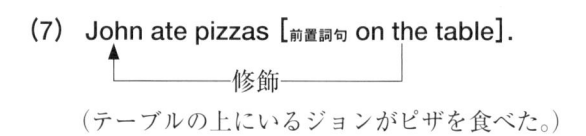

(7)　John ate pizzas [前置詞句 on the table].
　　　　└─────修飾─────┘
　　（テーブルの上にいるジョンがピザを食べた。）

状況としては、何人かジョンがいて、(iPhone でメールをチェックしているジョンでもなければ、女を口説いているジョンでもなく、また、壁にもたれかかっているジョンでもなければ、ギターでストーンズの『アンジー』を弾いているジョンでもなく、) テーブルの上に乗っかっているジョンがピザを食べた、というシーンをイメージしてもらいたい。このような状況は、状況としては十分（でもないかもしれないが）考えられるのであるが、でもこの状況を (3) の英文で言うことはできないのだ。なぜできないのか理由を説明するとなるといきなり小難しい話になるので説明は割愛するが、何はともあれ、もし上のような状況を英語で言いたいのであれば、次のように言うしかない。

(8) John on the table ate pizzas.

　これだと逆に、「ジョンがテーブルの上にあったピザを食べた」という意味も「ジョンがテーブルの上に乗っかってピザを食べた」という意味もとれず、「テーブルの上にいるジョンがピザを食べた」という意味しかとれない。
　蛇足であるが、John on the table には「テーブルの上にいるジョン」以外の意味もある。on には「張り付いている」という基本的な意味があることもあり、John on the table には「テーブルに張り付いているジョン」という意味もある。つまり、スパイダーマンのように、テーブルの下にジョンが張り付いている状況も考えられなくもないのだ。同じように、実は (3) の文も、「ジョンがテーブルの下に張り付いているピ

ザを食べた」と解釈することもできないこともない。これらのマニアック（というかトリビア）な話からも、前置詞（句）の奥の深さを十分分かっていただけたのではなかろうか。

2 実際の科学記事に挑戦！

では、上の事例を踏まえた上で、次の例を見てみよう。

(9) This experiment was repeated in a rural area with two other groups of mice.（*Scientific American*, July 2004）
（意訳：同じ実験を今度は田舎で、2つのネズミのグループを使って行った。）

文の終わりに2つの前置詞句がある。in a rural area と with two other groups of mice である。'repeat（繰り返す）' は、とくに、場所に関する情報ややり方に関する情報を必要としない。よって、上の文にある2つの前置詞句は、義務的なものではなく随意的なものと見なされる。よって、どこを修飾しているか考えないといけないが、文全体の意味から推測されるように、2つの前置詞句 in a rural area と with two other groups of mice は、ともに、動詞（was）repeat（ed）を修飾している。つまり、当該の前置詞句は2つとも副詞的に働いているのである。

では、今度は、次の文を見てみよう。

(10) Lyderic Bocquet of the University of Claude Bernard Lyon in France reduced the problem to its essentials: a thin, flat stone rebounding off a uniform surface of water at a shallow angle, like a water ski skimming over a lake. (*Scientific American*, April 2003)

（意訳：フランスの Claude Bernard Lyon 大学の Lyderic Bocquet が、水切りのメカニズムをいくつかの要因に分けた――平たくて薄い石で、静かな水面をバウンドしながら、しかも水面とは鋭角に飛んでいき、その様子は湖の上を飛んでいく水上スキーのようである。）

　コロン（：）以下を見てもらいたいが、a thin, flat stone rebounding off a uniform surface of water at a shallow angle, like a water ski skimming over a lake の後半に３つの前置詞句がある。off a uniform surface of water と at a shallow angle と like a water ski skimming over a lake である。like はここでは動詞ではなく前置詞として使われている。動詞 'bound（バウンドする）' は、「～がバウンドする」という意味であることから明らかなように、主語しかとらない。そして、コロン以下にはちゃんと動詞（というか動詞をもとにしてできた現在分詞の）bounding の主語 a thin, flat stone がある。よって、後ろにある３つの前置詞句は、いずれも随意的な前

置詞句ということになる。随意的な前置詞句と分かったところで、これら３つの前置詞句の修飾先を考えないといけないのだが、文全体（というかコロン以下）の意味を考えれば分かるように、どれも動詞（というか動詞をもとにしてできた現在分詞の）bounding を修飾している。というのも、水面から浮いた状態で（off a uniform surface of water）バウンドし、また、水面と鋭角の状態で（at a shallow angle）バウンドし、さらには、湖の上を走る水上スキーのように（like a water ski skimming over a lake）バウンドしていると解釈するのが普通であるからだ。したがって、問題となっている３つの前置詞句は、どれも、副詞的に機能していることになる。文末にある複数の前置詞句がどれも１つのものを修飾していて、しかも副詞的に機能している点では、先に見た（9）と似ている。

　もう１つ、３つの前置詞句が絡む例を見てみよう。

（11）Employing "virtual-reality exposure therapy," researchers at New York Presbyterian Hospital/Weill Cornell Medical Center developed a simulator of the exterior events at Ground Zero for survivors with posttraumatic stress disorder.
（*Newsweek*, September 2006）
（意訳：ニューヨーク・プレズビテリアン病院 ／ ワイル・コーネル医療センターの研究者が、virtual-reality exposure therapy という治療法を用いて、生還したけれどその後トラウマを負ってしまった人のために、グ

ランド・ゼロの外で起きたことを疑似体験することができる、そんなシミュレータを開発した。)

　この文の最後にも、先の (10) と同様、3つの前置詞句が連続して並んでいる。at Ground Zero と for survivors と with posttraumatic stress disorder である。では、この3つの前置詞句も、(10) と同じように、同じものを修飾しているのだろうか。結論から言ってしまうと、違う。まず最初の at Ground Zero であるが、これは直前の名詞 the exterior events を修飾している。というのも、「グランド・ゼロの外側で起きた出来事」と解釈するのが自然であるからだ。よって、この前置詞句は形容詞的に働いていることになる。2つめの前置詞句 for survivors であるが、これは動詞 developed を修飾している。というのも、「生還者のために開発した」と解釈するのが自然であるからだ。よって、この前置詞句は副詞的に働いていることになる。最後3つめの前置詞句 with posttraumatic stress disorder であるが、これは直前の名詞 survivors を修飾している。というのも、「トラウマを負ってしまった生還者」と解釈するのが自然であるからだ。したがって、この最後の前置詞句は形容詞的に働いていることになる。

　このように、一見すると (11) と (10) は形こそ似ているが、(10) では修飾先が1ヵ所に集まっている一方で、(11) ではそうはなっていない。(11) では修飾先はどれも異なっている。上の説明からも分かるように、前置詞句の修飾先だけは、文全体の意味を読み取った上で、まさに（常識的な、そして自

然な）意味から逆算しながら絞り込んでいかないといけないのだ。ようするに、修飾関係が分かるから意味が分かるのではないのだ。意味が読み取れるからこそ、修飾関係が見えてくるのである。文法から意味が予測できないこともあり、その意味では、文法は解釈において万能ではないのだ。

　最後に、修飾先が1つに定まらない例を見ておこう。次の例を見られたい。

（12）Cotton genetically modified to produce a pesticide from the microbe *Bacillus thuringiensis* does not guarantee long-term financial benefit. Cornell University researchers and their colleagues interviewed 481 Chinese farmers in five major cotton-growing provinces.（*Scientific American*, October 2006）
（意訳：バチルス・チューリンゲンシス（Bt）という細菌を使って、綿花の中に殺虫剤ができるよう遺伝子組み換えをした綿花は、長期的には経済的な効果は見込まれない。コーネル大学の研究チームが、中国にある5つの主な綿花地方の481の農家にアンケート調査を行った。）

　最初の文にある前置詞句 from the microbe *Bacillus thuringiensis* が直前の名詞 a pesticide ではなく動詞 produce を修飾しているのはとくに問題ないであろう。問題は、2つめの文の最後にある in five major cotton-growing provinces がどこを修飾しているかである。'interview（インタビューする）' にとって in five major cotton-growing provinces は必須のものではない。'interview（インタビューする）' はとくに場所の表現を要求しないからだ。したがって、問題となっている前置詞句は随意的なものだと判断されるわけだが、問題は、はたしてこの前置詞句がどこを修飾しているか、である。直前にある名詞 481 Chinese farmers を修飾していると考えても何ら問題はないし（この場合、「中国にある5つの主な綿花地方の 481 の農家」という解釈になる）、動詞 interviewed を修飾していると考えてもとくに問題がない（この場合、「5つの主な綿花地方でインタビューした」という解釈になる）。つまり、前置詞句 in five major cotton-growing provinces には可能な修飾先が2つあり、解釈の点で曖昧であるのだ。ここまで読んだらもうお分かりかと思うが、上の2つめの文 Cornell University researchers and their colleagues interviewed 481 Chinese farmers in five major cotton-growing provinces. は、上で見た John ate pizzas on the table. と同じタイプの文であるのだ（John ate pizzas on the table. でも前置詞句 on the table が ate と pizzas の2つを修飾しうることに注意）。

さて、では、これまでのことを踏まえた上で、表題にある次の文を解釈してみよう。

(13) Invading species are commonly believed to succeed by outcompeting natives for vital resources.（*Scientific American*, November 2003）

（意訳：侵略種は通常、食べ物を求めて土着の種を打ち負かし、それで生き延びていると信じられている。）

　文末にある２つの前置詞句（by outcompeting natives と for vital resources）は、'succeed（打ち負かす）' が必要とするものではない。その意味で、問題となる２つの前置詞句は義務的なものではなく随意的なものである。よって、修飾先を探さないといけないが、文全体の意味から推測されるように、この２つの前置詞句は両方とも succeed を修飾している。つまり、副詞的に働いている。

　前置詞句があったら、まずは、それがなくてはならない義務的なものか、それとも、あってもなくてもいい随意的なものかチェックしよう。そして、随意的なものであると分かったときは、それがどこを修飾しているのか、文全体の意味を推測しながら決めていこう。その意味では、前置詞句が随意的なものの場合、それがどこを修飾しているのかは、文法では決められず、文全体の意味を推測しながら決めるしかないのである。

3 科学英語から英文法と科学の世界を学ぶ

Invading species are commonly believed to succeed by outcompeting natives for vital resources.(*Scientific American*, November 2003)

　上の文は侵略種(つまり外来種)の脅威を扱った記事(Killing the Competition) からとってきたものであるが、こういったロジカルで且つ意味が明確にとれる科学系の文からこそ、前置詞句の本質というかコアなところをしっかり学ぶことができる。感情に訴えた、意味がどうともとれるような文学的な文ではこうはいかない。

　さて、外来種はほんと困ったものである。生態系が崩れるとか在来種が絶滅してしまうとか、そういったよくある話はコッチに置いておくとして、今、日本人が絶滅の危機に瀕しているということを少しは認識しておいた方がいいであろう。よく言われているように、日本は今、少子高齢化モードである。しかも日本の結婚総数の5％が国際結婚という状況である。おまけに合計特殊出生率は、ここのところ、1.3ないし1.4前後である。子どもは(普通)男と女の1組でつくるものであるから、父親と母親はいずれ死ぬとして、子どもは2人つくってはじめて人口の増減はない。単純計算すると、3人つくって日本人は1人増加である。このように、3人つくって1人増加なのに、合計特殊出生率は今、1.3ないし1.4前後なのである。

これから日本人は確実に減りつつある。つまり、そう遠くないうちに、この地球上から日本民族がいなくなってしまう可能性がある。その前に、近隣諸国の押しの強さに負けて日本の領土そのものがなくなってしまうこともなきにしもあらずだが……。というか、その前に、外国人参政権などが通ったりして日本のシステムそのものが崩壊し、日本が日本として機能しなくなる可能性もこれまたなきにしもあらずだが……。いずれにせよ、日本固有のタンポポがなくなったとか、日本固有のメダカがなくなったとか、そういった分かりやすい感傷に浸る話もいいが、少しは自分たちのことも考えた方がいいであろう。つまり、日本（人）そのものの絶滅についても考えた方がいいであろう。

4 名言から学ぶ英文法ワンポイント・レッスン

Learning is not attained by chance; it must be sought for with ardor and attended to with diligence.
（意訳：学問は偶然成し遂げられるものではない。熱心に探求し、そして勤しんで励むことによって成し遂げられるものである。）

　これは第2代アメリカ合衆国大統領 John Adams の奥さん（つまりファーストレディ）の Abigail Adams のことばである。まず、Learning is not attained by chance の後ろに

あるセミコロン（;）に注目してもらいたい。セミコロンの使い方にはいろいろあるが、ここでは、セミコロンの代表的な使い方である逆接の意味で使われている。つまり、ここのセミコロンは、意味的には while や however の代わりとして使われている。

このセミコロンの後半部分もまた、いろいろと文法的に学ぶべきところがある。第６講で詳しく見るように、等位接続詞は同じタイプのもの同士を結びつけるのであるが、ここでは、等位接続詞の and が、sought for with ardor と attended to with diligence の２つの動詞句を結びつけている。しかも、その内部構造も同じタイプのものになっている（sought for with ardor と attended to with diligence では、ともに、過去分詞が前置詞を伴い、さらにその前置詞の後ろに前置詞句がきている）。文法オタクの心をくすぐる、そんな構造になっている。

このように、構造的に同じタイプのものを並列させることにより、アダムス夫人は（おそらく意図的に）語呂をよくさせているのであろう。こういった構造的なシンメトリーや語呂のよさといったものもまた、名言の内容の深さと同じくらい、後世名言として残るかどうかの大きな要因となっているのであろう。

さて、文法的なことはこのぐらいにし、上の名言の内容についてちょっと触れておこう。アダムス夫人が言うように、たしかに、'Learning is not attained by chance.（学問は偶然成し遂げられるものではない）' ではある。そして、学問（勉強）というのは、文字通り日々の積み重ねの賜であり、積み重な

った結果の数割しか自分の血なり肉にならなかったりする(学んだことすべてが自分の血となり肉となるわけではない。学問というのは消化がよくない)。

その一方、learning（学問・勉強）ではなく research（研究）といったものはどうかと言うと、必ずしも 'Research is not attained by chance'. とは言えなかったりする。つまり、'Research can be attained by chance'. とも言えたりするのだ。セレンディピティ（serendipity）ということばを皆さんも知っているかと思うが、ノーベル賞をはじめとし、世紀の大発見となるものは、意外と、何かの間違いで偶然生まれたりしている。まさに、棚からぼた餅的に大発見につながったりしている。

とはいうものの、このセレンディピティを手にすることができるのは、人の３倍も４倍も努力している人だけである。その意味では、セレンディピティというのは、偶然を装ってやってくる必然的な努力の賜とも言えよう。

勉強や研究はもちろん、世の中の諸々のことには、棚からぼた餅的なことは実はなかったりする。餅が欲しけりゃ自分でつくるなりしっかり働いて餅屋で買うしかない。口をあんぐり開けていても誰も口の中に餅なんか放り込んでくれたりはしない。ゴミを放り込まれるぐらいがオチである。

第4講

強調表現
主観を述べる時のコツ

この文に出てくる as much as 5°F って 5°F だけじゃダメなの？
In areas with large amounts of contrails, variations were as much as 5°F.

(*Popular Science*, November 2002)

1 まずは英文法をしっかり押さえよう！

　サイエンスは客観性がウリである。だからこそ、いつ・どこで・誰がやっても、同じ条件であるならば、実験の結果は同じでないといけない。そして、科学上の事実を紹介するにしても、可能な限り客観的に書かないといけない。つまり、極力、書き手の主観を排除した形で書かないといけない。

　でも、どうしても主観というか感情を入れて書きたい時がある。しかも、サイエンスの世界だからこそ、数値に感情を入れて語りたい時がある。そこで、ここでは、サイエンスの

世界に感情（というか主観）をするっ♪と潜り込ませる、そんな裏技を紹介したいと思う。

その前に、意図せず、私感というか主観というか書き手の目線がするっ♪と入り込んでしまう、そんな構文をいくつか紹介したいと思う。つまり、ある構文を使って書くと自動的に書き手の視線が定まってしまい、その結果、書き手の「目線」が文に自動的に潜り込んでしまう、そういった構文を紹介したいと思う。

まず、馴染みのあるところで受動文について見てみよう。次の受動文は、

(1) John was hit by Mary.

次の能動文を受け身にしたものだが、

(2) Mary hit John.

(1) と (2) には大きな違いがある。受け身かそうじゃないかといったそういったことではない。つまり、「した」「された」といったそういったレベルのことではない。正直、そんなことはどうでもよかったりする。

英語の文では、どんな文であれ、主語に書き手ないし話し手の視点が置かれる。つまり、主語にあるものの立場に立って書かれたり話されたりする。そういったこともあり、(1) の受動文では、書き手ないし話し手の気持ちは主語の John にあり、John にシンパシーが置かれた状態で書くなり話され

たりしている。よって、(1) は、たんに「ジョンがメアリーに殴られた」という事実のみを表しているのではなく、さらに、「あ～、ジョンはかわいそうだな～」といった、ジョン寄りのちょっとした書き手ないし話し手の感情が入っている。

一方、(2) の能動文であるが、こちらは、主語の Mary に書き手ないし話し手の感情というか気持ちが置かれている。つまり、(2) の文を書いたり話したりしている人は、Mary に視点を置いて書いたり話したりしているのである。よって、(2) はたんに「メアリーがジョンを殴った」といった事実のみを表しているのではなく、さらに、「ったく、ジョンのヤツ、殴られても仕方ねぇな……」といったメアリーの立場に立った文となっている。

このように、能動文と受動文には、「した」「された」といった受け身の意味があるかどうかといった違いはたしかにあるものの、それはどうでもよかったりする。そんなことより、むしろ、する側に視点が置かれたものが能動文で、される側に視点が置かれたものが受動文である、ということをしっかり頭にたたき込んでおくことが大切だったりする。これさえ押さえておけば、能動文と受動文の核となるところを理解し損ねるということはまずない。

書き手ないし読み手がシンパシーを置きたいもの、それを主語の位置に置けばいいことは分かった。では、文頭（にある主語）ではなく文末にくるものにも何かしら視点のようなものが置かれることがあるのだろうか。実は、ある。何が置かれるかというと、焦点と呼ばれるものである。英語では、書き手ないし話し手が一番伝えたいものは文末にくる。つま

り、スポットライト（焦点）を当ててもらえるところ、それが文末であるのだ。ようするに、英文では、文頭に視点が置かれ、文末には焦点が置かれるのである（文末に焦点が置かれることについては、第2講を参照）。

では、これらのことを踏まえた上で、次の2つの文を見てみよう。

（3） John gave Mary an iPad.
（4） John gave an iPad to Mary.

上の2つの文は、一般的に、意味が同じだと考えられている。だからこそ、よく中学や高校で、(3) から (4) に書き換えたり、(4) から (3) に書き換えたりする練習をする。もし、(3) と (4) が同じ意味ではなかったら、そもそも書き換えなんてできっこない。これは意外な盲点であるが、この盲点に気づかなかったりする。

さて、ここで、中学や高校の英語教育をいきなり否定するようなことを書いてしまうが、実は、(3) と (4) は同じ意味ではないのだ。というか、より厳密に言うと、微妙にニュアンスが違うのである。上で紹介した「焦点」というものに関してちょっと、否かなり文のニュアンスが違うのである。

第2講でも書いたように、英語では、文末にある要素に焦点が置かれる。よって、(3) は、実は、「ジョンがメアリーにiPadをあげた」という意味の文なのであって、「ジョンがiPadをメアリーにあげた」という意味の文ではないのだ。「えっ？　何言ってんの？『ジョンがメアリーに iPad をあげた』

も『ジョンが iPad をメアリーにあげた』も同じ意味じゃん」と思ったあなた、ちょっと語感を鋭くしてもらいたい。よく考えてみると分かるかと思うが、「ジョンがメアリーに iPad をあげた」という文は、何をあげたのかを問題にしている文であるのに対し、「ジョンが iPad をメアリーにあげた」という文は、誰にあげたのかを問題にしている文であるのだ。つまり、日本語は、英語と違い、動詞の直前に焦点が当てられる言語であるのだ。

　さて、話を前に戻すが、(3) は文末にある an iPad に焦点が当てられている文であることは分かったとして、では、(4) はどうであろうか。実は、(4) は、もうお分かりかと思うが、文末にある to Mary に焦点が当てられた文であるのだ。だからこそ、(4) は、「ジョンが iPad をメアリーにあげた」という意味の文なのであって、「ジョンがメアリーに iPad をあげた」という意味の文ではないのだ。

　以上の話を、焦点というものをベースにしてまとめると、次のようになる。

(5) John gave Mary <u>an iPad</u>.
　　　　　　　　　　焦点

(6) John gave an iPad <u>to Mary</u>.
　　　　　　　　　　　焦点

(7) ジョンがメアリーに <u>iPad を</u>あげた。
　　　　　　　　　　　焦点

(8) ジョンが iPad を<u>メアリーに</u>あげた。
焦点

　つまり、焦点というものを考えると、(5) に対応する日本語文が (7) になり、(6) に対応する日本語文が (8) になるのだ。
「ジョンがメアリーに iPad をあげた」と「ジョンが iPad をメアリーにあげた」では、どこに焦点が置かれるのかに関して違うように、John gave Mary an iPad. と John gave an iPad to Mary. でも、どこに焦点が置かれているかで違っているのだ。このように、微妙に意味が違うこともあり、実は、John gave Mary an iPad. と John gave an iPad to Mary. は互いに書き換えることはできなかったりする。その意味で、実は、皆さんは高校で間違ったことを教えてもらっていたのだ。

　同じことが、先に見た能動文と受動文のペア (1) – (2) にもいえる。

(1) John was hit by Mary.
(2) Mary hit John.

(1) では視点が John にあるのに対し、(2) では視点が Mary にある。つまり、言わんとしていることが微妙に違うのだ。だからこそ、厳密に言うと、(1) と (2) も、つまり能動文と受動文も、書き換えはできないのである。

このように、自分が意図するにせよしないにせよ、能動文を使うか受動文を使うかによって、そして、(3) のような二重目的語構文を使うか (4) のような与格構文を使うかによって、視点や焦点が自動的に決まってきてしまうのである。つまり、書き手ないし話し手の「立ち位置」が自動的に決まってきてしまうのである。だからこそ、どの構文で書くかはよく考えないといけないのだ。

　構文によって自分の「立ち位置」というか「主観性」が変わってきてしまう、そういった例をもう1つだけ紹介しておこう。次に似たような文が3つあるが、さて、皆さんは、これら3つの文の微妙な意味の違いが分かるだろうか。

(9) I find that this chair is comfortable.
(10) I find this chair to be comfortable.
(11) I find this chair comfortable.

　実は、(9) が客観的な文で (11) は主観的な文であるのだ。そして、(10) は、(9) と (11) のハイブリッド型の文で、まさに客観的とも主観的ともどちらともとれる文であるのだ。つまり、どういうことかと言うと、(9) は、椅子のカタログなどを見て言っている文であるのに対し、(11) は、実際に自分が椅子に座って言っている文なのである。そして (10) は、その両方の意味でとれる文なのである。

　このように、どの構文というかどのタイプの文を使うかによって、話し手ないし書き手の主観がするっ♪と入り込んでしまったりするのだ。だからこそ、軽い気持ちで文のタイプ

というか構文を換えたりしてはいけないのだ。

　科学における英語は何よりも客観性が重んじられる。そういったこともあり、どう書いたら構文レベルで主観を排除できるのか、論文の内容以上によく考えないといけなかったりする。とはいうものの、うまくやれば、構文レベルで自分の本音(つまり主観)を読み手にうまく伝えることもできるのだ。バカとハサミ、そして構文は使いようなのである。

2 実際の科学記事に挑戦！

では、上で見たことを踏まえた上で、次の例を見てみよう。

(12) But environmentalists point to a real-life bogey in the strait: an underwater fault that caused a 1908 quake, killing as many as 100,000 people in Messina. (*National Geographic*, September 2003)
(意訳：でも、環境保護論者たちは、実際問題として、メッシナ海峡には脅威が横たわっていることを指摘する。それは、1908年の地震を引き起こした海底にある断層のことである。この地震によって、メッシナで10万人もの人の命が失われたのだ。)

コロン（：）以下の an underwater fault that caused a 1908 quake, killing as many as 100,000 people in Messina に

注目してもらいたい。とくに、as many as 100,000 people のところに注目してもらいたい。ここは、こんな同等比較の表現（つまり as ... as 〜の構文）なんか使わないで、ストレートに an underwater fault that caused a 1908 quake, killing 100,000 people in Messina と書いたっていいはずだ。それなのに、どういうわけか、わざわざ同等比較を使って書かれている。なぜだろうか。

意訳を見てもらえれば分かるように、このパッセージの筆者は、10万人という数がとても多いことを読み手に伝えたくて、それで同等比較の構文を使って書いているのだ。同等比較には、このように、強調のニュアンスが込められたりしているのだ。「こんなに数が多いんだぜ！」という気持ちというか主観をこっそり潜り込ませる裏技、それが同等比較の表現でもあるのだ。

このように、とくに科学英語では、書き手の数に対する「個人的な思い」をこっそり数に忍び込ませるのに同等比較が使われたりする。これは次の例を見ても分かってもらえるかと思う。

(13) Porcu says that as many as 80 percent of eggs survive the freeze, and pregnancy rates, while variable, can be as high as 20 percent. (*Newsweek*, August 2004)

（意訳：卵子のなんと80%が冷凍に耐えうることができ、さらに、妊娠率であるが、これはケース・バイ・ケースではあるが、20%にものぼるのだと Porcu は言って

いる。)

　この文は卵子凍結に関する記事からとってきたものであるが、この文も同等比較の表現なんか使わず、もっとストレートに、Porcu says that 80 percent of eggs survive the freeze, and pregnancy rates, while variable, can be 20 percent. と書いたっていいはずだ。でもそうしていない。理由はもうお分かりかと思うが、80％ならびに20％という数値がいかに大きいかをアピールするためである。つまり、卵子凍結の技術を使った生殖医療（体外受精）がいかに難しいか、それを暗に示すために、わざわざ同等比較の表現を使って書いているのである。

　似たような例をもう１つだけ見ておこう。

（14）Based on a survey of more than 1.1 million people, an investigation led by Daniel F. Kripke of the University of California at San Diego found that people who slept at least eight hours a night had a higher risk of dying within six years than those who said they slept less, even as few as five hours.（*Scientific American*, Aril 2002）

（意訳：サン・ディエゴにあるカリフォルニア大学のDaniel F. Kripke を中心とした研究チームが、110万人以上の人を対象にした実験に基づいて、次のことを発見した。一晩に最低でも８時間寝る人は、８時間も寝ない人、あるいは５時間しか寝ない人と比べても、向こ

う6年間以内に死ぬ確率がずっと高い。)

　最後のところでなぜ同等比較の表現を使っているかもうお分かりかと思う。「たった5時間しか寝ていない人」というように、「5時間」をことさら強調したいからだ。even as few as five hours の even が「たった5時間しか寝ていない人」の「たった」に、そして as few as が「しか〜ない」に相当していると考えてもいいであろう。
　さて、では、これまでのことを踏まえて、表題にある次の文を解釈してみよう。

(15) In areas with large amounts of contrails, variations were as much as 5° F.(*Popular Science*, November 2002)
　　（意訳：日中ひんぱんに飛行機が飛んでいるところだと、その差はなんと華氏5度もあった。）

　もうお分かりの通り、最後に同等比較の表現が使われているのは、5° F を強調したいからだ。つまり、「華氏5度もあるんだぜ！」と 5° F が大きな数値であることをアピールしたいからだ。
　このように、たかが同等比較の構文ではあるが、数値とともに使われると、そこに書き手の「気持ち」が入り込んだりするのだ。また、「1　まずは英文法をしっかり押さえよう！」でも詳しく見たように、ある特定の構文を使うことにより、書き手ないし読み手の「視点」や「焦点」が自動的に決まっ

てきたりもする。だからこそ、どの構文で書くかはよく考えないといけない。ただ、これを逆手にとって、構文をうまく使いこなすことによって、自分の主観というか「思い」をうまく文の中に忍び込ませることもできる。再度書くが、バカとハサミ、そして構文は使いようなのである。

3 科学英語から英文法と科学の世界を学ぶ

In areas with large amounts of contrails, variations were as much as 5° F.（*Popular Science*, November 2002）

上の文は、飛行機雲の天気に対する影響を扱った記事（Unhappy Trails）からとってきたものであるが、このように、数値がロジカルに扱われている科学系の記事からこそ、構文のもつ意味といったものをリアルに学ぶことができる。また、それと同時に、書き手の主観といったものを、単語レベルではなく文法レベルで暗に伝える、そういったノウハウもいっしょに学ぶことができる。その意味でも、科学英語というのは、英語を学ぶ上でまさに生きた教材であるのだ。

さて、たかが飛行機雲だがされど飛行機雲で、飛行機雲が普通の雲のように天候を左右するようである。「ホンマかいな？」と思うかもしれないがホンマらしい。このように、「こんな微々たるものが大きな影響を及ぼすことなんてあんの？」ということが他にもあったりする。たとえば、牛や羊のゲッ

プが挙げられる。牛や羊のゲップにはメタンガスが含まれているが、そのメタンガスが、なんと、地球温暖化の原因の約５％も占めている。メタンガスというと、私たち人間が出す屁の中にも含まれているが、これは地球温暖化にあまり影響を及ぼさないのであろうか。牛や羊より人間の方がはるかに数が多いし、それに放屁の数もはるかに多いと思うが……。

　おならの話はこのぐらいにしておき、先ほど見た飛行機の排気ガス（つまり飛行機雲）の話に戻ってみたい。上で見たように、飛行機雲は天候を左右するほどのものであるが、実は、飛行機雲の成分である排気ガスは、呼吸器系ならびに心臓血管の病気を引き起こす。Global Mortality Attributable to Aircraft Cruise Emissions（*Environmental Science & Technology,* October 2010）という論文によると、飛行機の排気ガスには大気汚染物質（すなわち有害物質）がいくつも含まれており、それが、人体に悪い影響を及ぼしているようだ。さらに驚くことに、その論文によると、飛行機の排気ガスが原因で亡くなる人は、世界で、しかも年間で、なんと１万人近くもいるそうだ（ちなみにアメリカだけで年間450人いるそうだ）。

　さらに、同じ雑誌の2007年に掲載された論文によると、なんと、船舶から出る排気ガスだけで年間６万人もの人が亡くなっているそうだ。いやはや、牛や羊のゲップにせよ、排気ガスにせよ（そしておならにせよ）地球と人間のために少し出す量を制御した方がよさそうだ。とはいうものの、ゲップとおならは「出物腫物所嫌わず」と言うぐらいだから制御するのはそう簡単なことではないが……。

4 名言から学ぶ英文法ワンポイント・レッスン

If you don't think women are explosive, drop one.
(意訳：女性が爆発しないとでも思っているのなら、実際に落としてみたら？)

　これはアメリカの作家 Gerald F. Lieberman のことばであるが、なかなかシャレが効いていることばである。女性が「爆発物」というか「危険物」であることは、ある意味、周知の通りだが、女性を「落とす」なんていうのはもっての他である。腫れ物を扱うように大切に扱わないといけない。どの女性にも「取り扱い注意」の張り紙が貼ってあると思って接しないといけない。なかには、「地雷」のような女性もいるから気をつけないといけない。と、こんなことを書くから「ハタケヤマは女性を逆撫でするようなことしか言わない」と言われかねないのだが……。

　それはさておき、上の名言で注目すべきは、形の上では don't は think を修飾しているのだが意味の上では are (explosive) を修飾しているということだ。つまり、否定のことばが1つ下の節にあるもの (つまり are) を否定しているのである。だからこそ、意訳の「女性が爆発しない」から分かるように、主節の動詞 think ではなく従属節の be 動詞 (are) を否定するようにして解釈しないといけない。no(t) に見られる形式と意味のズレについては、第2講の「**4　名言から学ぶ英文法ワンポイント・レッスン**」でも触れているが、

ここの名言のように、節を飛び越えたアクロバティックな否定にも注意が必要である。上の名言も（いろんな意味で）十分興味深いが、もっと興味深い例は第8講でたっぷり紹介する。

では、今度はロシアの作家 Fyodor Dostoevsky のことばを見てみよう。

If you want to be respected by others, the great thing is to respect yourself. Only by that, only by self-respect will you compel others to respect you.

（意訳：他人に敬意を払ってもらいたいのであれば、まずは自分を敬うことだ。そうすることにより、つまり自尊心をもつことにより、はじめて他人から尊敬してもらえるようになる。）

2つめの文の Only by that, only by self-respect will you compel others to respect you. に注目してもらいたい。気をつけてもらいたいことが2つある。まず1つめであるが、それは、Only by that と only by self-respect の間にあるコンマ（,）は同格のコンマであるということだ。2つめは、この文は倒置の文であるということだ。ようするに、この文はもともと、You will compel others to respect you only by that, only by self-respect. というようになっていて、副詞の only by that, only by self-respect が文頭に移動したために、それで倒置が起きているのだ。

第8講で詳しく見るように、否定の語句が文頭に移動させられると、それと連動して倒置が起こる。でも only by that, only by self-respect のどこにも否定の語なんかない。でも、only を「〜しか**ない**」と解釈すると分かるように、only には not の意味が含まれているのだ。つまり、形としては現れていないけれど、意味的には not が潜伏しているのである。だからこそ、only を含むフレーズが文頭に移動すると、Never did I kiss Mary. と同じように、倒置が起きるのである。この only に見られる倒置の例は、ある意味、否定に見られる形式と意味のズレの究極的なものであるとも言える。というのも、形の上ではどこにも否定の語がないからだ。

　さて、上のドストエフスキーのことばであるが、ポイントは、'self-respect（自尊心）' をちゃんと理解できるか否かである。自尊心とはプライドが高いことではないし、ましてやナルシストであることでもない。だからと言って自分を卑下することでもないし、謙虚であることでもない。人を尊敬するように自らを尊敬するとはどういうことなのだろうか。なかなか難しい。私のように人を尊敬したことがない人間にはなおさら「自尊心」というのがどういうことなのか分からない。そんな私は、ドストエフスキーに言わせれば、人から尊敬されることはまずないであろうが、そもそも私は人から尊敬されたいと思ったことがない（むしろ嫌われたいぐらいである）。人から尊敬されたいと思った時点で自尊心のかけらもないのではないかと私なんかは思ってしまう。人から敬ってもらいたいと思わず、自分のポリシーをしっかりもって我が道を行くこと、これが真の「自尊心」だと思うのはダメだろうか。

第5講

句読点
接続詞に置き換えて解釈する

この文のコロンをことばに置き換えるとどうなる？

Though the study wasn't designed as a product review, its results are striking: out of 40 programs, Google's ranked in the top three in every category.

(*Newsweek*, December 2006)

1 まずは英文法をしっかり押さえよう！

　英文法と言うと、やれ受動態だ、やれ疑問文だと、そういった語順や書き換えの問題といったものをすぐに思い浮かべるかもしれない。たしかに、こういった語順や書き換えといったものはとても重要だし、こういったことを知らないことにはそもそも英文法を知っているなんて言えない。でも、こういった文法事項を知っていれば英文法はもう完璧かというと、そうでもない。つまり、こういったことを知っていても英語はスラスラ読めないし、正確且つ精確に読むこともでき

ない。では、こういった文法事項の他にいったい何を知らなければならないというのだろうか。それが、パンクチュエイション（punctuation）、つまり句読法・句読点である。

パンクチュエイションで代表的なものというと、ピリオド（.）やコロン（：）、それにセミコロン（；）やコンマ（,）がある。そして一般的には、この順番で文の区切りのパワーが大きくなると言われている。つまり、文を区切るパワーの一番あるものがピリオドで、文を区切るパワーの一番ないものがコンマだと考えられたりしている。でも、話はそう簡単ではなく、文を区切る力があると言われているコロンにはそもそも文を区切る力はないし、文を区切る力がないと言われているコンマに文を区切る力があったりする。

実際、これから「**2　実際の科学記事に挑戦！**」で見るように、コロンは、その後ろに具体例を導く標識みたいなものであることもあり、文を区切るどころか、文を連続させる力をもっている。コンマにしても、これから見ていくように、ものによっては文を分断する機能をもっている。ようするに、パンクチュエイションを「文の区切り」という観点で見るのは不可能であるばかりか、実は意味がなかったりする。こういった文の区切りについてあれこれ考える暇があったら、パンクチュエイションを適切な接続詞に置き換えて解釈することに頭を使った方がよい。パンクチュエイションをどの接続詞に置き換えるか、それによって「文の区切り」の度合いがいろいろ変わってくるというのが実状である。

さて、上で予告したように、以下でコンマのもつ文の区切りの能力について見ていくが、もしかしたら、これから書く

ことは、高校の英語の授業で既に教えてもらったことかもしれない。そういった人は、どうぞ、復習のつもりで読んでもらえたらと思う。

　次に2つの似たような文があるが、さて、意味の違いが分かるだろうか。

（1）John has a son who became a musician.
（2）John has a son, who became a musician.

　上の2文はほとんどいっしょであるが、一ヵ所だけ違う。コンマがあるかないかである。このコンマのあるなしが大きな意味の違いを生み出している。では、(1)‐(2)の意味の違いについて見ていこう。

　まず(1)の方であるが、これは、しいて訳すと、「ジョンにはミュージシャンになった息子が1人いる」となり、暗に、ヤクザになった息子や政治家になった息子、それに自衛官になった息子など、まだ他にも息子がいることを臭わせている。一方、(2)の方であるが、こちらは、しいて訳すと、「ジョンには息子が1人いて、その息子はその後ミュージシャンになった」となり、ジョンには息子が1人しかいないことが明確に示されている。この(2)の訳から分かるように、(2)ではコンマのところでいったん文が切れているのだ。つまり、コンマといえども、文を区切るパワーをちゃんともっているのである。関係節の「制限用法」や「非制限用法」ということばを知っていても、上の(1)‐(2)の意味の違いが分からなければ意味がないのだ。

このように、たかがコンマであるが、同じようなことが他のパンクチュエイションにも言える。以下の「**2　実際の科学記事に挑戦！**」ではコロンについて見てみたいと思う。

2 実際の科学記事に挑戦！

　科学記事に限らずどんな記事であれ、具体的な話というか具体的な例を入れて書いた方がよい。というのも、そうした方が、話を理解してもらいやすいからだ。逆に、具体的な話や具体例がないと、話のイメージがつかみにくく、こちらの言わんとしていることが正しく理解してもらえなかったりする。その意味でも、どのようなものを書くにしても、具体的な話や具体例を入れて書いた方がよい。

　さて、その具体例であるが、よく前置詞の like を使って具体例が紹介されたりするが、実際は、一般の英語でもそうであるが、科学英語でも、like が使われることはそう多くない。その代わり、よく使われるのが、次の例に見られるように、such as である。

（3）Many agree that the impressively stable and smooth gait of robots such as Honda's ASIMO are a good demonstration of how far robotic technology has advanced.（*Nature*, May 2004）

　（意訳：ホンダのアシモといったロボットは、驚くほどの

安定感とスムーズな足取りで歩くことができるのであるが、これを見ただけでも、ロボット工学がいかに進んでいるかが分かるというものだ。そして、この点では多くの人が意見の一致を見ている。）

次の例では、such as で導かれる具体例がダッシュ（──）でくくられており、ダッシュでくくられている部分が（つまり such as に続く部分が）具体的な例であることが明確にされている。

(4) The researchers who describe the space-faring tardigrades in the September 9 *Current Biology* speculate that other creatures adapted to survive extreme dryness ── such as rotifers, nematodes and brine shrimp ── might share the tardigrades' ability to endure space.（*Scientific American*, November 2008）
（意訳：宇宙遊泳したクマムシについて Current Biology の９月９日号で書いている研究者らは、〈ワムシや線虫、それにブライン・シュリンプのような〉究極の乾燥状態でも耐えうる他の生物もまた、宇宙で生き延びることができるクマムシの能力をもっているであろうと考えている。）

このように、具体例を紹介するのに、よく such as が用いられるのである。

一般の英語ではあまり見かけないが科学英語ではよく見かける、そんな具体例を紹介するちょっと変わった表現がある。それが、次の例に示されるような , including である。

(5) The Great Lakes harbor a variety of pollutants, including the particularly persistent polychlorinated biphenyls.（*Scientific American*, August 2001）
（意訳：五大湖にはありとあらゆる汚染物質があり、その中には、極めて持続性の高い PCB〈ポリ塩化ビフェニール〉も含まれる。）

　上の例では、, including 以下で a variety of pollutants の具体例が挙げられている。
　次の例でも、a few blood-saving tricks to avoid transfusion の具体例として、動名詞の giving the child a drug called Epogen that boosted the number of his red blood cells が、, including の後ろで紹介されている。

(6) The surgical team relied on a few blood-saving tricks to avoid transfusion, including giving the child a drug called Epogen that boosted the number of his red blood cells.（*Popular Science*, September 2001）
（意訳：輸血ゼロの移植手術をするにあたり、移植チームはいくつかの方策を講じた。たとえば、男児の赤血球の数を増やすためにエポゲンという薬を投与した。）

同じように、次の例でも、a host of adverse effects の具体例が , including の後で紹介されている。

(7) Many of the hundreds of studies performed during the past decade suggest cellphone use may cause a host of adverse effects, including headaches and memory loss.（*Popular Science*, February 2004）
（意訳：過去 10 年にわたって行われた何百という研究のうち、その多くのものが、携帯電話を使うと頭痛や記憶障害といった多くの問題が生じうると示唆している。）

このように、科学英語では、よく具体例が , including の後ろで紹介される。ただ、ここで気をつけてもらいたいことがある。それは、, including はイディオムみたいなものということもあり、これを , which include(s) のように書き換えることができるかというと、それはできないということだ。

具体例を紹介する表現として、上で（like と）such as と , including を紹介したわけであるが、具体例を紹介するのに、ことばを使わないといけないという理由はない。記号を使って書き表すことができるのであれば、記号を使ったって構わない。そこで登場するのがコロン（:）である。次の例から分かるように、コロンは、such as や , including と同様、具体例を導くことができるのである。

(8) Thus the agonizing dilemma: Should surgeons detach Mary, certainly killing her, to let Jodie live a

relatively normal life?（*TIME*, September 2000）

（意訳：それだからこそ、苦しいジレンマに立たされているのである。医者は、Jodie にそこそこの人生を送らせるために、Mary を Jodie から引き離すべきなのか。そのときは、もちろん Mary は死ぬ。）

　上の例では、the agonizing dilemma の具体的な内容が、コロン以下で示されている。このように、具体的な内容を導くのにコロンを使うことができるのである。

　次の例でも同じである。Case in point の具体的な内容がコロンの後ろで紹介されている。

(9) Case in point: Brittany, the youngest, calls Microsoft's prized "dashboard" —— an informational window that covers the left side of the screen —— a "thingamobile," and has tried to remove it from her screen.（*Newsweek*, October 2002）

（意訳：ここにちょうどいい例がある。マイクロソフトには目玉商品である "dashboard" がある。この "dashboard" はディスプレイの左隅にあり、いろんな情報を提供してくれる。一番年下の Brittany は、この "dashboard" を "thingamobile" と呼び、なんとかゴミ箱に捨てようとしている。）

　上の2つの例では、コロンの前に名詞しかないが、次の例のように、コロンの前に文がきているものも、もちろんある。

(10) Some side effects occurred: A third admitted significant fear in the hours following their dose, and some felt momentary paranoia.（*Scientific American*, September 2006）

（意訳：でも、その一方で、副作用もあった。具体的にいうと、被験者の3分の1が、シロシビンを投与されてから数時間にわたってことばにできないほどの恐怖を経験し、人によっては、一時的にではあるが、被害妄想におそわれた。）

　上の文では、コロンの前の文（すなわち Some side effects occurred）の具体的な話がコロンの後ろで紹介されている。
　もちろん、コロンの前の文の一部分のみがコロン以下で具体的に紹介されるということもある。たとえば、次の例では、they have proof という文の目的語 proof の具体的な内容が、コロン以下で示されている。

(11) Now they have proof: Two male dolphins at the New York Aquarium have passed the mirror test —— the benchmark for self-awareness.（*Popular Science*, September 2001）

（意訳：科学者たちは、ようやくその証拠をつかんだのである。ニューヨーク水族館にいる2頭のオスのバンドウイルカが、自己認識の試金石となるミラーテストをパスしたのである。）

では、これまでのことを踏まえた上で、表題にある次の文を解釈してみよう。

（12）Though the study wasn't designed as a product review, its results are striking: out of 40 programs, Google's ranked in the top three in every category.（*Newsweek*, December 2006）
（意訳：この米国国立標準技術研究所の研究は、プロダクト・レビューを目的にして行ったものではないが、その結果は目を見張るものであった。40ある翻訳ソフトのうち、グーグルの翻訳ソフトは、どの部門でもトップ3にランクインするほどのものであった。）

　上の文では、(10) の例と同じく、コロンの前にある文（its results are striking）の具体的な内容がコロンの後ろで紹介されている。
　このように、たかがコロンではあるが、「たとえば」といったように接続詞的に解釈することができることもあり、その後ろで具体的な話を紹介することができるのだ。英文法の細かい文法事項をマスターするのも重要だが、こういったパンクチュエイションをしっかりマスターすることも大事なのだ。

3 科学英語から英文法と科学の世界を学ぶ

Though the study wasn't designed as a product review, its results are striking: out of 40 programs, Google's ranked in the top three in every category.（*Newsweek*, December 2006）

第5講 句読点

　上の文は、グーグルが開発した自動翻訳ソフトを扱った記事（How Google Translates）からとってきたものだが、こういった文からこそ、いかにパンクチュエイション（とくにコロン）が重要であるかを学ぶことができる。またその逆で、パンクチュエイションのもつ接続詞的な意味をしっかり理解していないと、上のような文を正しく読み解くことはできないのだ。

　さて、何かと定期的に話題（というかネタ）を提供してくれるグーグルであるが、ああだこうだ言っても、これからの情報化社会、グーグルとアップルを抜きにしては考えられないであろう。書籍の電子化やグーグルアース、それにストリートビューをはじめとして、グーグルはありとあらゆる情報を掌握しようとしている。「それがどうした？」と思われるかもしれないが、グーグルというたった1つの会社が、これまで人類が築き上げてきた情報、すなわち知的財産をすべて牛耳ろうとしているのだ。これは独裁制と同じくらいか、あるいはそれ以上に恐ろしいことである。まぁ、恐れていてもしょうがないので、我々一般人はグーグルとうまく付き合って

いくしかないが……。

さらに、上でもちらっと書いたが、アップルにもこれからますます目を離すことができない。ここで注意というか注目してもらいたいのは、アップルの一連の商品はどれも、最高のテクノロジーによってつくられているのであるが、ユーザ・インタフェイスは驚くほどアナログであるということだ。アイコンの視覚的な分かりやすさといい、画面を手でめくったりつまんだりする操作といい、どれも極めてアナログ的である。中身は完全にデジタルだけどユーザ・インタフェイスは極めてアナログ、これがアップルの商品と言えよう。このあたりにこれからのIT関係の動向が伺えるかと思う。

4 名言から学ぶ英文法ワンポイント・レッスン

People are always blaming their circumstances for what they are. I don't believe in circumstances. The people who get on this world are the people who get up and look for the circumstances they want, and, if they can't find them, make them.

（意訳：人は、いつも、自分の境遇を環境のせいにする。私は環境なんて信じない。いい仕事をしている人は、皆、自分の足で立ち上がり、そして必要とする環境を探し求めているものだ。そして、探してもない場合は、必要とする環境を自分の手でつくり出しているものだ。）

これは劇作家のバーナード・ショー（George Bernard Shaw）のことばであるが、これも古今東西通用する普遍性の高い箴言（しんげん）と言えよう。能力のない人に限って自分の無能さを環境のせいにしたりするが、環境に難癖つけた時点でその人は無能決定である。環境は、むしろ、ちょっと劣悪ぐらいがちょうどいい。そのぐらいの方がクリエイティブないい仕事ができたりする。ぶっちゃけた話、できる人はどこにいても、そしてどんな環境でも、その人にしかできない味のある仕事をするものだ。さらに言うと、能力とやる気のある人は、どんな環境であっても、仕事のクオリティは常に一定に保たれているものだ。

　さて、バーナード・ショーのことばであるが、The people who get on this world are the people who get up and look for the circumstances they want, and, if they can't find them, make them. のところに注目してもらいたい。「たいして見るべきところなんかないんじゃね？」と思われるかもしれないが、この１文に関係代名詞の大事な特徴が隠されているのだ。The/the people who というのが２回現れているが、この関係代名詞 who は省略できない。というのも、関係節の中で主語として機能している関係代名詞は省略できないが、まさにこの２つの関係代名詞は主語として機能しているからだ。一方、関係代名詞の中で目的語として機能している関係代名詞は省略できる。というか、省略するのが普通である。

　だからこそ、the circumstances they want のように、the circumstances の後ろでは、本来あるはずの関係代名詞（which か that）が省略されている。このように、関係代名

詞の省略の可否は、関係節の中でどう機能しているかにかかっている。

では、このことを踏まえた上で、今度は次の名言を見てみよう。

Those who have most to do, and are willing to work, will find the most time.
(意訳：やらなきゃならないことをたくさん抱えていて、しかもくる仕事を拒まない人というのは、時間をたくさんつくり出すことができる。)

これはイギリスの作家 Samuel Smiles のことばであるが、おなじみの those who という表現がある。those who は熟語みたいなもので、これはワンセットで使わないといけない。つまり、who が必要不可欠なものとなっている。では、なぜ who がなくてはならないかというと、上で見たように、主語として機能している関係代名詞は省略不可能であるからだ。このように、決まりきった表現でも、文法をちゃんと知っていれば、丸暗記なんかしないで理屈で理解することができるのだ。

さて、この Smiles のことばであるが、「おっしゃる通り」である。忙しい人ほど時間があるものだ。そして、忙しい人ほどいい仕事をしてくれる。「早かろう悪かろう」ということばがあるが、人に仕事を頼んで、遅く仕上がってきていい仕事であったためしがない。能力のある人は仕事も早く、仕上がりもよく、しかも期待以上の仕事をしてくれたりするもの

だ。そんなものである。忙しい人ほどタイムマネジメントがしっかりしているからこそ、三拍子そろった仕事ができるのである。また、忙しい人ほど大いに遊んでいたりもする。世の中そんなものである。

第6講

接続詞

and、or、but をバカにするなかれ

この文の最初に出てくる or って何と何を結んでいるの？
Scientists at Johns Hopkins University selected 36 spiritually active volunteers, who might interpret the experiences best, and disqualified potential subjects who had a family or personal risk for psychosis or bipolar disorder.

（*Scientific American*, September 2006）

1 まずは英文法をしっかり押さえよう！

　英文を読んでいて難しいと感じる時がある。そう感じるのは、決まって、知らない単語があちこちにある時か、そうでなければ、構造がうまくつかめない時である。知らない単語があるのなら辞書を引けばよい。それでだいたい問題は解決する。一方、構造がうまくつかめない時は、ちょっと問題解決に手こずったりする。というのも、どこがどう分からなくて構造がつかめないのか自己判断すらできなかったりするからだ。

構造がつかめない理由として2つ挙げることができる。1つは、修飾語があれこれくっついていて、それで構造がうまくつかめないケースである。これは、とくに、分詞や関係節、それに前置詞句によって名詞があれこれ修飾されている時に言える。こういった時は、とりあえず、名詞を修飾している分詞や関係節、それに前置詞句を無視して読み、文の大まかな構造をざっくりとつかんでしまうことだ。

　構造をつかめないもう1つの理由、それが、等位接続詞によって何と何が結び付けられているか分からないというものだ。ようするに、文中にある and や or、それに but といった等位接続詞が何と何を結び付けているか分からない、というものだ。and や or、それに but といったものは、見てお分かりの通り、小さな単語だ。でも、小さいからといってバカにしてはいけない。この小さい単語が、何と何を結び付けているかをしっかり押さえないことには、英語を正しく読むことはできないのだ。

　等位接続詞がいったいどんなものを結び付けるのか、これについては「2　実際の科学記事に挑戦！」でじっくり見ることにし、ここでは、等位接続詞にまつわるちょっと面白い話を紹介したいと思う。そして、ほんのちょっとでも等位接続詞に関心をもってもらい、今後、これまで以上に等位接続詞に注意を払って英語を読んでもらえたらと思う。等位接続詞に注意を払うこと、これこそが、上でもちらっと言ったように、そして「2　実際の科学記事に挑戦！」で詳しく見るように、英語を正確且つ精確に読むコツならびに裏技であるからだ。

第6講　接続詞

では、まず、何の変哲もない次の英文を見てもらいたい。

(1) John read *Nature*, and Tom read *Science*.

上の文は見てお分かりの通り、2つの節（つまり John read *Nature* と Tom read *Science*）が等位接続詞 and によって結び付けられている。等位接続詞は、同じタイプのもの同士を結び付けるので、その意味では、(1) の and はいたって普通の使い方がされている（「同じタイプ」が何を意味するのかは、「2　実際の科学記事に挑戦！」で詳しく見る）。

さて、そんな文字通り何の変哲もない (1) の文だが、この文をもうちょっとスッキリさせたいと思う。スッキリさせるには、ダブついているところをカットしてやるとよい。(1) では、見てすぐに分かるように、read のところがダブついている。スッキリさせるには、この2つある read の1つをカットしてやればよい。さて、どちらの read がカットできるだろうか。答えは、後ろの方である。つまり、下の (2) はいいが (3) はダメである（文の前にある＊は、その文がダメであることを示している。また、省略された箇所を下線で示している）。

(2) John read *Nature*, and Tom ＿＿＿ *Science*.
(3) ＊John ＿＿＿ *Nature*, and Tom read *Science*.

ようするに、動詞がダブっている時、英語では後ろの動詞がカットされるのだ。

では、同じようなことが日本語でも言えるのか見てみよう。(4) は (1) の日本語に相当する文であるが、

(4) 太郎は Nature を読み、次郎は Science を読んだ。

上の (4) でも動詞「読む」がダブついている。このダブつきをなくしてスリムにするには、2つある「読む」のうち1つをカットしてやるとよい。さて、どちらを消したらいいだろうか。答えは、もうお分かりの通り、前の方の動詞である。

(5) * 太郎は Nature を読み、次郎は Science を ＿＿＿ 。
(6) 太郎は Nature を ＿＿＿ 、次郎は Science を読んだ。

上の (2) – (3) と (5) – (6) を見比べれば分かるように、日本語と英語はまったく異なる振る舞いを示すのだ。

こういった省略の違いは、等位接続詞が使われている文だからこそ見られるのであるが、少しは興味深く思ってもらえただろうか。そこで、今度は、動詞ではなく目的語がダブっている文を見てみようかと思う。まず、次の英文を見てもらいたい。

(7) John respects that teacher, and Tom despises that teacher.

この文も何の変哲もない、そこら辺に転がっている普通の文である。が、この文もまた、ちょっとメタボである。見て

の通り、目的語がダブついている。そこで、2つある that teacher のうち、片方をカットしてしまおうかと思うが、さて、どちらの that teacher がカットできるだろうか。次の対比から分かるように、先の動詞の時とは異なり（(2) – (3) 参照）、今度は前の方の目的語をカットしないといけないのだ。

(8) *John respects that teacher, and Tom despises ＿＿＿.
(9) John respects ＿＿＿ , and Tom despises that teacher.

では次に、日本語の場合を考えてみよう。(7) の日本語に相当するものが (10) であるが、

(10) 太郎はその先生を尊敬し、次郎はその先生を軽蔑している。

この文もまた、(7) の英文と同様、ちょっとメタボである。見てお分かりの通り、「その先生を」のところがダブついている。そこで、2つある「その先生を」のうち1つをカットして贅肉(ぜいにく)を落としてしまおうと思うが、さて、どちらの「その先生を」をカットしたらいいだろうか。日本語の直感がある皆さんならもうお分かりの通り、後ろの方にある「その先生を」である。

(11) 太郎はその先生を尊敬し、次郎は ＿＿＿ 軽蔑している。
(12) * 太郎は ＿＿＿ 尊敬し、次郎はその先生を軽蔑してい

る。

　皆さんはもうお分かりかと思うが、日本語の目的語は、動詞の時とは異なり（(5)–(6) 参照）、そして英語の目的語とも異なり（(8)–(9) 参照）、後ろの方のものがカットされるのだ。つまり、1つの言語内でも動詞と目的語が省略できる位置が逆転していて、さらに、日本語と英語の間でも省略できる位置が逆転しているのだ。

　なぜ日本語と英語で、そしてなぜ動詞と目的語の間で、このような違いが見られるのかはさておき、こういった興味深い現象も、2つの節が等位接続されているからこそ見られるのだ。その意味では、等位接続詞は、省略に見られる興味深い現象の脇役でしかない。が、この脇役を甘く見ていると痛い目に遭う。つまり、英語を正しく読めなくなってしまうのだ。そこで、次の「2　実際の科学記事に挑戦！」では、英文を正しく読むにあたって、等位接続詞とどう付き合っていったらいいのかちょっと詳しく見ていきたいと思う。

2 実際の科学記事に挑戦！

　等位接続詞を使って、あるものとあるものを結び付けるわけであるが、原則、この2つの「あるもの」は、上でもちらっと書いたように、「同じタイプ」のものでないといけない。そこで問題になるのが、「同じタイプ」の「タイプ」とは何の

ことか、ということであるが、ここでは、「文を構成する要素の種類」のことを指している。したがって、片方が名詞ならもう片方も名詞にしないといけないし、片方が形容詞ならもう片方も形容詞にしないといけない。ようするに、いわゆる品詞のレベルで同じにしないといけない、ということだ。

ただ、これは別に言語に限った話ではなく、数学なんかでも言えることである。「えっ？　どういうこと？」と思われるかもしれないが、たとえば皆さんは、「リンゴ３つと車４台で全部でいくつ？」と言われて、素直に「７」と言えるだろうか。普通の感覚をもっている人なら、「ちょっと問題として不適切では？」と思うはずだ。つまり、「そもそもリンゴと車は足せるの？」と思うはずである。というか、思ってほしい。

足し算なんかでは、同じタイプのもの同士じゃないとそもそも足したり引いたりできない。同じことが言語にも言え、その点では、上で紹介した等位接続詞の決まりは、別に言語に特化したものではない。

では、これらのことを踏まえた上で、次の文を見られたい。

(13) The Geneva-based World Health Organization has proposed a "fat tax" on junk food and limits on vending machines in schools.(*Newsweek*, March 2004)
（意訳：ジュネーブに本部をもつ WHO〈世界保健機関〉は、ジャンクフードに「脂肪税」を課し、学校にある自動販売機に規制をかけようとしている。）

(13) の文では、and の後ろに limits on vending machines in schools という名詞句があることに注意されたい。等位接続詞は、原則、同じタイプのもの同士を結び付けるのであれば、この and は、同じく名詞句をその左側にとらないといけない。よって、上の文の and は、次の (14) にあるように、a "fat tax" on junk food と limits on vending machines in schools の2つの名詞句をとっていることになる。

(14)

The Geneva-based World Health Organization

has proposed ⎰ a "fat tax" on junk food
　　　　　　 ⎨ and
　　　　　　 ⎩ limits on vending machines in schools.

換言すると、a "fat tax" on junk food と limits on vending machines in schools は、ともに proposed の目的語として機能しているのだ。蛇足だが、上の文では、2つの名詞句（つまり a "fat tax" on junk food と limits on vending machines in schools）がともに「名詞＋ on で始まる前置詞句」という形になっている。等位接続詞がその特性として、その両端に同じような「タイプ」のものを求めるのであれば、これは偶然の一致ではない。筆者が意図的にやったのだと言えよう。

このように、等位接続詞が何と何を結び付けているのかを考えることにより、うすらぼんやりしていた文の構造がクリアーになってくるのだ。

では、このことを踏まえた上で、今度は、1文に2つのandが現れているものを見てみよう。

(15) The toxin generates a wave of cell death and inhibits sprouting and growth.(*Scientific American*, November 2003)
（意訳：その毒により、多くの細胞死がもたらされ、芽の発育が阻害され、そして発育不全となる。）

まず、最初の等位接続詞 and であるが、この後ろに inhibits sprouting and growth という動詞句があることに注意されたい。よって、この等位接続詞 and は、次の (16) にあるように、generates a wave of cell death という動詞句と inhibits sprouting and growth という動詞句を結び付けていることになる。

(16)

The toxin { generates a wave of cell death
　　　　　　and
　　　　　　inhibits sprouting and growth.

次に2つめの and であるが、これは明らかに、2つの名詞 sprouting と growth を結び付けている。したがって、(15) の構造は、等位接続詞の and を中心に見ていくと次のようになる。

114

(17)

```
              ┌ generates a wave of cell death
              │
The toxin ────┤ and
              │           ┌ sprouting
              │           │
              └ inhibits ─┤ and
                          │
                          └ growth.
```

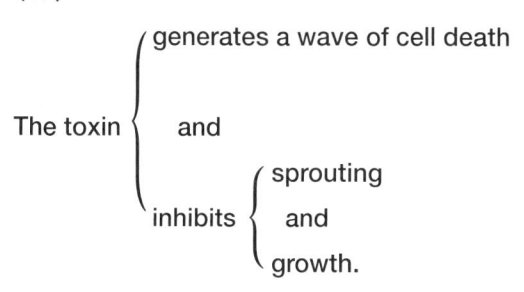

(15)のような簡単な文であっても、(15)を読んだ瞬間に(17)のような構造がイメージできないと、実は、速読も精読もできないのである。

次の例でも and が2つあるが、読者の皆さんなら、もう、読んだ瞬間に構造をつかめるであろう。

(18) Collagen makes up 70 percent of skin's dry weight and keeps the skin firm and elastic. (*Popular Science*, September 2001)

（意訳：コラーゲンは、水分を除いた肌の約70%を占めていて、皮膚に張りと弾力を与えている。）

まず最初の and であるが、これは、(15)の文と同様、次に示されるように、2つの動詞句（makes up 70 percent of skin's dry weight と keeps the skin firm and elastic）を結び付けている。

(19)

Collagen { makes up 70 percent of skin's dry weight
　　　　　and
　　　　　keeps the skin firm and elastic.

　さて、問題は2つめの等位接続詞 and であるが、これは、and の後ろにあるものが形容詞であることから、firm と elastic を結び付けていることになる。つまり、(18) は次のような構造をしているのだ。

(20)

Collagen { makes up 70 percent of skin's dry weight
　　　　　and
　　　　　keeps the skin { firm
　　　　　　　　　　　　 and
　　　　　　　　　　　　 elastic.

　このように、等位接続詞が何と何を結び付けているのかをチェックするだけで、曖昧模糊とした文の構造が一気に見えてくるのだ。
　(18) では、上で見たように、firm と elastic という2つの形容詞が等位接続詞 and によって結び付けられている。形容詞というと、たとえば、I am interested in hard rock.（俺はハードロックに興味がある）の interested や、I am satisfied with this situation.（私はこの状況に満足している）

の satisfied のように、元々動詞であったものが（過去分詞に扮して）形容詞に「変態」したものがある。

では、このことを念頭に置いた上で、次の文を見てみよう。

(21) It's tainted red with iron and laden with toxic metals such as cadmium that pollute rivers for hundreds of miles.（*Popular Science*, November 2002）

（意訳：鉄分で汚染され赤みがかかっていて、おまけにカドミウムといった毒性のある金属によって汚染されている。何百マイルにもわたって川が汚染されている状態にあるのだ。）

もうお分かりの通り、この文は、次に示されるように、2つの（動詞句というか）形容詞句 tainted red with iron と laden with toxic metals such as cadmium that pollute rivers for hundreds of miles が、等位接続詞 and によって結ばれている。

(22)

It's { tainted red with iron
　　　　and
　　　laden with toxic metals such as cadmium that pollute rivers for hundreds of miles.

このように、等位接続詞は、同じタイプのもの同士なら、

原則、どんなものでも結び付けることができるのである。

　さて、上で見た (21) の構造 (22) であるが、be 動詞 (is) が2つの (動詞句というか過去分詞に扮した) 形容詞句をとっている。be 動詞は、ある意味、助動詞である。となると、なんちゃって助動詞である be 動詞が2つの (形容詞句に扮したとも解釈できる) 動詞句をとるのであれば、純粋な助動詞も等位接続詞を介して2つの動詞句をとるはずだ。実際、次の文に見られるように、その通りである。

(23) Now medical scientists at the University of Pennsylvania say otherwise harmless cells lining the blood vessels in grafted organs may activate immune system defenders known as killer T cells and cause chronic rejection.（*Scientific American*, May 2002）
（意訳：ようやくペンシルベニア大学の医学科学者が、このメカニズムを明らかにした。移植された臓器にある血管には無数の細胞が並んでいるが、これは普通ならば何ら害を及ぼすことはない。しかし、ひとたび移植されると、移植先のキラーT細胞と呼ばれる免疫システムを活性化させてしまう。そしてその結果、慢性の拒絶反応が引き起こされてしまうのである。）

　この文の構造を書くと次のようになるが、

(24)

Now medical scientists at the University of Pennsylvania say otherwise harmless cells lining the blood vessels in grafted organs

may $\begin{cases} \text{activate immune system defenders known as killer T cells} \\ \text{and} \\ \text{cause chronic rejection.} \end{cases}$

これは、上で見た（21）の構造の（22）と似ている。繰り返しになるが、等位接続詞は、原則、同じタイプのもの同士なら何でも結び付けることができるのである。

さて、そうなると、助動詞で始まる助動詞句とも呼べるものも、等位接続詞によって結び付けられると予想される。実際、次の例にあるように、2つの助動詞句が等位接続詞によって結び付けられることもある。

(25) She can suck, kick and open one eye but may not have consciousness.（*TIME*, September 2000）
（意訳：その子は指をしゃぶり足をばたつかせることができる。片目も開けることができる。しかし意識はないかもしれない。）

構造を書くと次のようになる。

(26)

She { can suck, kick and open one eye
　　　but
　　　may not have consciousness.

　読者の皆さんはもうお分かりかと思うが、実は、(25) の suck, kick and open one eye のところは、次の構造からも分かるように、動詞句が3つ等位接続されている形になっている。

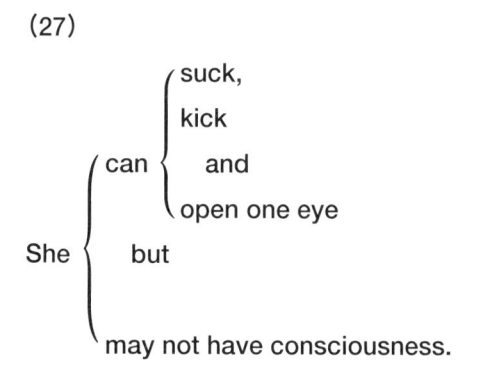

(27)

She { can { suck, kick and open one eye }
　　　but
　　　may not have consciousness.

　等位接続詞は、動詞句を等位接続することができれば、助動詞句とも呼べるものも等位接続することができるのである。繰り返しになるが、等位接続詞は、原則、同じタイプのもの同士なら何でも結び付けることができるのである。
　ここで、等位接続詞のちょっとした盲点となるところを見てみたいと思う。まず次の例を見てもらいたい。

(28) If human brains are similarly affected, Salford says, the damage could produce measurable, long-term mental deficits. (*Popular Science*, February 2004)

(意訳：人間の脳が同じように影響を受ければ、見て分かるほどに、長期にわたって認知的障害が見られるであろう、と Salford は言う。)

上の文には等位接続詞がない。が、等位接続詞の代わりになっているものがある。コンマ（,）である。皆さんも経験からお分かりかと思うが、2つの形容詞が1つの名詞を修飾する時、その2つの形容詞は、等位接続詞ではなくコンマによって結び付けられる。よって、上の文は次のような構造をしている。

(29)

If human brains are similarly affected, Salford says, the damage could produce { measurable , long-term } mental deficits.

すなわち、measurable と long-term がセットになって mental deficits を修飾している格好になっているのだ。

(21)で、過去分詞が形容詞として用いられている例を見たが、このことからも推測できるように、過去分詞が形容詞として機能し、しかもその2つの過去分詞が1つの名詞を修飾して

いる時、その2つの過去分詞はコンマで結び付けられると予測される。実際、次の文を見て分かるように、この予測は正しい。

(30) Fifty days after the 2-hour exposure, the rat brains showed significant blood vessel leakage, as well as areas of shrunken, damaged neurons. (*Popular Science*, February 2004)
（意訳：2時間の放射線照射を50日間続けたところ、見てすぐ分かるほど、ラットの脳の血管から血が流れ出し、ニューロンが萎縮し、そして損傷を受けている箇所があることが分かった。）

上の文は次のような構造をしており、2つの（形容詞化した）過去分詞が neurons を修飾している。

(31)
Fifty days after the 2-hour exposure, the rat brains showed significant blood vessel leakage,

as well as areas of $\left\{\begin{array}{c}\text{shrunken}\\,\\\text{damaged}\end{array}\right\}$ neurons.

最後に、ちょっと変わった（というかちょっと面白い）等位接続詞の使い方について見てみよう。次の例を見てみよう。

(32) Past studies of potential space food have considered poultry, fish and even snails, newts and sea urchin larvae, but they all have downsides. (*Scientific American*, March 2009)

(意訳：宇宙に持って行ける食料についていろいろ話し合われてきたのであるが、可能なものとして挙げられたのは、ニワトリの肉に魚、それにカタツムリやイモリ、あとウニの幼虫といったものである。しかし、これらはどれも問題がある。)

コンマや and が入り交じっている文ということもあり、1回読んだだけでは何がどうなっているのかちょっと分からないかと思う。でも、これまでやった等位接続の知識を総動員すれば、何がどうなっているかが分かってくる。意訳を参考に例文を見てもらうと分かるかと思うが、(32) の poultry, fish and even snails, newts and sea urchin larvae のところは、概略、次のような構造になっている。

(33) A, B, and C
　　　　　　⏜
　　　D, E, and F

つまり、まずは大きく3つのもの（A と B と C）が等位接続されていて、さらに、3つめのもの（つまりC）が3つのもの（D と E と F）から成り立っているのだ。読者の皆さんは既にお分かりかと思うが、確認のために言っておくと、

(33) の A に相当するのが poultry で、B に相当するのが fish で、D に相当するのが snails で、E に相当するのが newts で、そして F に相当するのが sea urchin larvae である。つまり、(33) のCに相当するのは、snails と newts と sea urchin larvae がセットになったものであるのだ。

このように、一見するとゴチャゴチャしていて何がどうなっているか分からないものでも、文法の知識を総動員すれば、ゴチャゴチャしていたものもアッ！という間にスッキリしたものになってくるのだ。いざという時、そして困った時に役に立つもの、それは他ならぬ文法の知識であるのだ。1に文法、2に文法、3、4がなくて5に単語力である。

では、これまでのことを踏まえて、表題にある次の文を解釈してみることにしよう。

(34) Scientists at Johns Hopkins University selected 36 spiritually active volunteers, who might interpret the experiences best, and disqualified potential subjects who had a family or personal risk for psychosis or bipolar disorder. (*Scientific American*, September 2006)

（意訳：ジョンズ・ホプキンズ大学の研究者が、参加してくれた人のうち、精神的に健康な人36人を被験者に選んだのであるが、なぜかというと、彼らだったら自分たちが体験したことを正しく解釈してくれるであろうと思われたからで、その一方、家族に精神病ないし躁鬱病の人がいたり、あるいは本人がそういった病気

をもっている場合は、実験の参加を見合わせてもらった。)

何度も読むと分かるかと思うが、この文は次のような構造をしているのである。

(35)

$$
\text{Scientists at Johns Hopkins University} \begin{cases} \text{selected 36 spiritually active volunteers,} \\ \text{who might interpret the experiences best,} \\ \text{and} \\ \text{disqualified potential subjects} \\ \text{who had a} \begin{cases} \text{family} \\ \text{or} \\ \text{personal} \end{cases} \text{risk for} \begin{cases} \text{psychosis} \\ \text{or} \\ \text{bipolar disorder.} \end{cases} \end{cases}
$$

つまり、1つめの等位接続詞 and は動詞句を結び付けていて、2つめの等位接続詞 or は形容詞を結び付けていて、そして最後3つめの等位接続詞 or は名詞を結び付けているのだ。

たしかに、上の文はゴチャゴチャしていて一読しただけでは何が書いてあるのかちょっと分かりにくい。でも、等位接続詞が何と何を結び付けているのかをよく考えれば、ゴチャゴチャしていた文の構造も意外とスッキリしていることが分かってもらえるかと思う。

以上、実際の科学記事の英文を用いて「等位接続詞とは何

か？」について考えてきたわけであるが、これを機会に、今後、等位接続詞を見かけたら注意して読んでもらえたらと思う。そして、一見複雑そうに見えるゴチャゴチャした文でも楽々読みこなせるようになってもらえたらと思う。

3 科学英語から英文法と科学の世界を学ぶ

Scientists at Johns Hopkins University selected 36 spiritually active volunteers, who might interpret the experiences best, and disqualified potential subjects who had a family or personal risk for psychosis or bipolar disorder. (*Scientific American*, September 2006)

　上の文はマジックマッシュルーム（つまり幻覚キノコ）を扱った記事（Magical Mushroom Tour）からとってきたものであるが、こういった文からこそ、等位接続詞の正しい使い方と等位接続詞の特性といったものをしっかり学ぶことができるというものだ。そして、等位接続詞の鉄則（つまり、同じタイプのもの同士を結び付けるということ）を知らないと、上のような文も正しく読めないということが分かるというものだ。

　さて、バブルの頃はともかく、今ではマジックマッシュルームを売買するのは禁じられている。合法ドラッグと言われているものもいつ非合法になるか分からない。その意味では、

ドラッグには、とにかく、どんなものであれ、手を出すべきではない。とはいうものの、つい魔が差してしまったり、「1回だけなら……」ということで手を出してしまったりするのが人間である。容易に手に入れることができる現代社会だからこそ、ドラッグには絶対手を出さないようにしよう。

　私はかつて喫煙者であった。「1回だけなら……」と思って軽い気持ちでタバコに手を出したのがマズかった。「俺ぐらい意志が強い人間なら1回ぐらい大丈夫だろう……」と思って手にした1本が2本となり、そして3本4本となり……気づいたらタバコなしの生活は考えられないようになっていた。今では完全にタバコと縁が切れているが、タバコというかニコチンを甘く見ていた自分の考えがいかに甘かったか、今更ながらよく分かる。

　喫煙者なら分かるかと思うが、酒を飲みながらのタバコは非常にうまい。それはなぜかと言うと、脳への負担がとてつもなく大きいからだ。つまり、脳は本来マゾであることもあり、脳の負担を快感と感じてしまうのだ。そういったこともあり、脳の血管が弱い人は酒を飲みながらのタバコは止めておいた方がよい。何はともあれ、禁煙中は絶対に酒場に立ち寄らないことだ。タバコの煙に脳が刺激されてついつい「ちょっと1本もらえるかな？」となってしまう。

「1回だけなら……」と思ってタバコをやってそのままニコチン中毒になってしまった人は、ドラッグでも同じようになってしまう可能性が少なくないであろう。脳は一度経験した快感を確実に記憶している。そういったこともあり、ドラッグを一度でもやったら必ずや脳は「2度目」を求めてくる。

第6講　接続詞

脳の欲望になかなか人間の理性は逆らえないものだ。脳には自分の意志ではどうにもならない面があることを知っておいた方がよい。

4 名言から学ぶ英文法ワンポイント・レッスン

When a man points a finger at someone else, he should remember that three of his fingers are pointing at himself.
（意訳：誰かを非難したら自分の指が3本自分に向いていることを知れ。）

これは「名無し（anonymous）」の名言であるが、英文そのものをとっても非常に面白い。どこがどう面白いか解説しよう。まず、point a finger at ～ で「～を非難する」という意味であるが、このことからも分かるように、従属節（つまり when 節）にある finger には「指」という意味はない。一方、主節（つまり he should で始まる文）にある his fingers の finger(s) には「指」という意味がある。というのも、three of his fingers are pointing at himself は、先ほどのイディオム（つまり point a finger at ～）と関係がありそうに見えるが実は関係がないからだ（point a finger at ～ では、point するのが人で、しかも point が他動詞として使われていることに注意）。まず、この finger の「解釈」の違

いが面白い。

　もう1つ面白いところがあるのだが、それは、finger の「意味」するものである。ところで皆さんは、How many fingers do you have? と聞かれたらどう答えるだろうか。「1つの手に指は5本あるから全部で10本だ！」と思ったあなた、残念ですがハズレです。「あっ、足の指も入れれば全部で20本だ！」と思ったあなた、残念ですがあなたもハズレです。実は、「指」は20本あるが finger は8本しかないのだ。というのも、足の指は英語では toe と呼んで finger とは呼ばないし（つま先で蹴る「トーキック」を参照）、手の親指は finger ではなく thumb であるからだ。したがって、'How many fingers do you have?' の問いに対しては 'eight' と答えないといけない。

　さて、ここまでの話を踏まえた上で、人差し指（index finger, forefinger）で誰かを指してもらいたいのだが、そうすると、中指（middle finger）と薬指（ring finger）と小指（little finger）はいったいどこを指しているだろうか。そうである、自分の方である。つまり、誰かを非難したら3倍返しになって逆非難されるから気をつけろ、と名言は忠告してくれているのである。

　しかし、誤解を恐れずにあえて言えば、人から非難されるのを恐れ、それで人を非難するのを控えるのはどうかと思う。もし、相手が非難されるだけのことをし、自分の言い分が正しいと確信し、しかも相手を非難しないと腹の虫が治まらないようであればどんどん非難したらいいと思う。ただし、相手を非難したところで、相手が反省したり改心したりするか

というと、それは98%ない。そういった意味では、他人を非難するというのは非常に非生産的であんまり意味のない行為であったりする。でも、私は、相手のためを思ってではなく、自分のために人を非難する（ことが少なくない）。

　非難は、非難する相手のためにするのではなく、あくまでも自分自身のためにするものなのである。

　ちなみに、名言の理屈でいくと、空手チョップをするような感じで相手を非難すれば逆非難を免れる。というのも、その場合、どの finger も相手の方を向いていて自分には向いていないからだ。また、これまたどうでもいいことではあるが、point a finger at 〜 は「〜を非難する」という意味のイディオムであるが、point one's toes は「（バレエで）つま先をたてる」という意味のイディオムである。

第7講

副詞

have と過去分詞の間は副詞の定位置

この文の have と suspected に挟まれている long って何？
Scientists have long suspected that bottlenose dolphins might be nearly as intelligent as great apes.

(*Popular Science,* September 2001)

1 まずは英文法をしっかり押さえよう！

「適材適所」ということばがあるが、これは（木材や）人の配置だけに言えることではない。副詞の配置にも言えることである。すなわち、副詞にも適した場所というか定位置といったものがあり、そうしたしかるべきところに副詞がないと文そのものがダメになってしまう。

さて、副詞とは、既に皆さんもご存じのように、形容詞や動詞、それに文を修飾するものである。つまり、形容詞が名詞を修飾するものであることを考えると、形容詞で修飾でき

ないものを修飾するもの、それが副詞であると言える。

　副詞の機能が確認できたところで、それでは、さっそく副詞の現れる位置について考えてみることにしよう。形容詞を修飾する副詞についてはとくに問題ないであろう。問題があるのは、というか、とくに注意が必要なのは、文を修飾する「文副詞」と動詞句を修飾する「述部副詞」である。では、これから、これら2つの副詞の現れる位置について見ていきたいと思う。

　まず文副詞の方から見ていこう。

(1) Probably the enemy will have destroyed the village.
　　（意訳：たぶん、敵がその村を破壊してしまうであろう。）

　文頭にある probably はいわゆる文副詞で、次の例にあるように、文末に現れると文そのものがダメになってしまう（文頭にある＊は当該の文がダメであることを示している）。

(2) *The enemy will have destroyed the village probably.

　このことから、文副詞の定位置は文頭であるとともに、文末は他のタイプの副詞の定位置であることが分かる。では、どんな副詞の定位置なのであろうか。次の2つの文から分かるように、実は、述部副詞の定位置であるのだ。

(3) *Completely John ate his potato chips.

（4） John ate his potato chips completely.

（3）がダメなのは、文頭は文副詞の定位置であるにもかかわらず、そこに述部副詞である completely が占拠してしまっているからだ。逆に（4）がいいのは、文末は述部副詞の定位置であるからだ。

では、このことを念頭に置いた上で、次の2つの文を見てもらいたい。

（5） Rudely, Hatakeyama left the meeting.
（6） Hatakeyama left the meeting rudely.

上の2つの文はどちらもいい。何も問題がない。ということは、副詞 rudely は、文副詞としても、そして述部副詞としても使えるということだ。実際、（5）は「ハタケヤマは失礼にも、会議を途中で抜け出した」という意味でなら（つまり rudely を文副詞として解釈するのなら）いい文である。一方（6）も、「ハタケヤマはマナーに欠けたやり方で会議を中座した」という意味でなら（つまり rudely を述部副詞として解釈するのなら）いい文である。

このように、副詞はタイプによって定位置が決まってくることもあり、「適材適所」ということばは副詞にも言えることが分かってもらえるかと思う。

2 実際の科学記事に挑戦！

なるほど、文頭は文副詞の定位置で文末は述部副詞の定位置だということは分かった。ところで、文副詞は原則文頭に現れるのはいいとして、述部副詞は文末にしか現れないのだろうか。既に経験からお分かりのように、そして次の例からも分かるように、実は、動詞の直前にも現れることができる。

(7) John completely ate his potato chips.

これらのことから、述部副詞は動詞の直前と文末に現れることができるのが分かったのであるが、実は、さらにもう1ヵ所、述部副詞の指定席とも呼べるところがあるのだ。それが、完了形の文における、have と過去分詞の間なのである。したがって、完了の have と過去分詞の間に何か単語が挟まっていたら、それを述部副詞だと思ってまず間違いがない。実際、このことを裏付けるように、たとえば、次の文においても、

(8) I have not been to a rock concert.
(9) I have already kissed Mary.

have と過去分詞（been と kissed）の間に not と already が現れているが、これら2つはともに述部副詞である。このように指摘されると、「ああ、たしかにそうだな」と思うかもしれないが、意外とこれは盲点になっているというか、中途

半端にしか理解されていなかったりする。これから見ていくと分かるように、このことをしっかり理解しておくと、英語がかなりサクサク読めるようになるのだ。

では、このことを踏まえた上で次の文を見てもらいたい。

(10) Natural high-altitude clouds are composed of similar ice crystals, and their effect on the weather has been long known: During the day, the clouds reflect sunlight, lowering temperatures. At night, they keep some of the planet's heat from escaping back into space, making for milder evenings.(*Popular Science*, November 2002)
(意訳:空高いところにある普通の雲も同じようにしてできている。そして、普通の雲の天候に対する影響は周知の通りである。具体的に言うと、日中は、雲は太陽光線を反射し、大気中の温度を下げてくれる。一方、夜間は、地球の熱が宇宙空間に逃げ出すのを防いでくれ、その結果暖かい夜を作り出してくれる。)

and 以下の their effect on the weather has been long known に注目してもらいたい。当該箇所は現在完了形の受動態であるが、has been と known の間に long という単語が介在している。long は、通常、形容詞として使われる。が、上で見たように、完了の have と過去分詞の間は述部副詞の指定席である。となると、この long は、見かけは形容詞だが実は副詞ということになる。実際、辞書を引くと分かるよ

うに、long には「長い間」という意味がある。つまり、副詞としての用法があるのだ（ちなみに自動詞の用法もあり、この場合は「切望する」という意味になる）。

このように、文の形というか文のフォーマットを手がかりに、単語の品詞を割り出すことができるのである。そして、そういった英文法の知識をちょっと用いるだけで、素早く、しかも正確且つ精確に英文が読めるようになるのだ。

上のパッセージでは、受け身の be 動詞（been）と過去分詞の間に副詞が介在している。この位置に副詞が現れることができるのなら、正規の定位置である、完了の have と過去分詞の been の間にも現れることができるはずである。実際、次の例にあるように、「have ＋述部副詞＋ been ＋過去分詞」の単語の並びが許される。

(11) These results, which appear in the September 6 *Nature*, could influence the interpretation of seismic images, which have heretofore been based on iron's properties at low temperatures.
(*Scientific American*, November 2001)
（意訳：この研究は、Nature の9月6日号に掲載されているが、おそらくこれからの地震波の解釈に影響を及ぼすことであろう。なぜならば、これまでの地震波の研究は低温状態における鉄の特性について行われてきたからだ。）

上の文の which have heretofore been based on iron's

properties at low temperatures のところに注目してもらいたいが、have と been の間に馴染みのない heretofore といった単語がある。単語の意味は分からなくても、これまでの話から分かるように、これは述部副詞であることは明らかだ。実際、辞書を見てみると分かるように、heretofore は述部副詞で「これまで」という意味がある。

　このように、文法をある程度知っていると、分からない単語があっても平常心でいられるのだ。

　では、似たような例をもうちょっと見ておこう。

(12) Light from that distant explosion has since been analyzed by a team led by Adam G. Riess, an astrophysicist at the Space Telescope Science Institute in Baltimore.(*Popular Science*, September 2001)

（意訳：その超新星の光を、Adam G. Riess〈バルティモアにある Space Telescope Science Institute に勤務する天文物理学者〉率いるチームがこれまでずっと分析してきた。）

　上のパッセージも、完了形のところが「have + a + been + 過去分詞」の形になっているが、ここまで読んできた皆さんなら、上のパッセージを見て固まってしまうことはないであろう。つまり、思考停止に陥ってしまうということはないであろう。でも、この章を読まないでいきなり上のパッセージを見たら、おそらく、というか十中八九、脳がフリーズし

てしまっていることであろう。

　何度も書いているように、完了の have と過去分詞の間は述部副詞の定位置である。となると、上のパッセージにある since は、接続詞や前置詞ではなく、述部副詞ということになる。実際、辞書を引いてみると分かるように、since には述部副詞としての用法もあり、「それ以来」といった意味がある。このパッセージからも、英文を読んでいていざ頼りになるのは、やはり、英文法の基礎知識であるということが分かってもらえるかと思う。

　では、もう1つ似たような例を見ておこう。

(13) Psychedelic mushrooms have for millennia been said to trigger mystical experiences.（*Scientific American*, September 2006）
　　（意訳：マジックマッシュルームは、何千年にもわたり、不思議な経験をさせてくれると言われてきた。）

　今度は、今までとは違って、have と been の間にフレーズ（句）がきている。このフレーズ（for millennia）は、文法的には前置詞句であるが、前置詞句と言えば、第3講で見たように修飾語として働く。では、ここでは、どういった修飾語として機能しているのであろうか。もうお分かりかと思うが、動詞句を修飾している副詞として機能しているのである。つまり、文中の位置から判断して、述部副詞として機能しているのである。このことからも分かるように、英文法をしっかりマスターし、そしてその英文法の知識を総動員しさ

えすれば、英文で理解できないものは何1つないのだ。

　では、これまでのことを踏まえて、表題にある次の文を解釈してみよう。

(14) Scientists have long suspected that bottlenose dolphins might be nearly as intelligent as great apes.（*Popular Science*, September 2001）
（意訳：これまで科学者たちは、バンドウイルカと大型類人猿は、知能の点において大した差がないと考えていた。）

　この文は、これまでの文と比べたら簡単である。というのも、この文は、これまで上で見た文とは違って、能動態の文であるからだ。ちなみに、(10) のパッセージを解読した時の知識を、そのままここでも生かすことができる。というのも、ここでも、have と過去分詞の間に long が介在しているからだ。もちろん、ここの long は、(10) の long と同じく、「長い間」という意味の述部副詞である。

　繰り返しになるが、なぜ英文が読めないのか、そしてなぜ英文が怖いのかというと答えは1つしかない。文法をしっかりマスターしていないからである。逆に言うと、英文法をしっかりマスターしていさえすれば、英文をスピーディーに、しかも正確且つ精確に読め、さらには、どんな英文を前にしても怖じ気づくことはないのだ。ウソだと思うかもしれないが、これはホントである。私が保証する。

3 科学英語から英文法と科学の世界を学ぶ

Scientists have long suspected that bottlenose dolphins might be nearly as intelligent as great apes.
(*Popular Science*, September 2001)

　上の文はバンドウイルカの知能を扱った記事（What's on My Flipper?）からとってきたものであるが、こういった文からこそ、英文法の盲点となっている「副詞の指定席」といったものをしっかり学ぶことができる。またその逆で、どういった副詞が文中のどこに現れることができるのかをちゃんと理解していないことには、英文をスピーディーに、そして正しく読むことができなければ、誤解を与えない正しい英文も書くことができないのだ。

　さて、イルカは賢い。ミラーテストをパスして自己認識ができるぐらいだから大したものだ。しかも可愛い。そんなイルカを捕獲して食べるなんて断じて許さない！ということで、『ザ・コーヴ』という映画がアメリカ人によって撮られた。そして、その映画を日本で公開するか否かで国内で一悶着あった。この辺りのことはまだ皆さんの記憶にも新しいかと思う。

　何をどう食べようが、正直、人の勝手である。よく考えてみれば分かるように、何を食べてよくて何を食べてはいけないかといった議論は、どれも、かなり恣意的な論理で行われている。

　生態系を著しく崩さない限り何を食べようが人の勝手だし、

生態系を維持するために人間がある動物を食べてやるのも人間の大事な仕事でもある。食べろと言われても食べたくないものがあれば、食べるなと言われても食べたいものがある。恋愛を法で規制することができないように、何を食べるかを法で規制することもできない。食の文化なんてそんなものである。

4 名言から学ぶ英文法ワンポイント・レッスン

The more time we spend on planning a project, the less total time is required for it. Don't let today's busywork crowd planning time out of your schedule.

(意訳:プロジェクトの計画に時間を割けば割くほど、プロジェクトに要する時間はトータルで短くなる。今日とても忙しいからといって、それでスケジュール帳から計画の時間をカットしてしまってはダメだ。)

これは Edwin C. Bliss のことばであるが、Edwin C. Bliss というと、タイム・マネジメントに関する本の執筆者として(それなりに)有名である。上の彼のことばも時間管理に関するものであるが、名言の内容に触れる前に、まずは文法的な側面から見ておくことにしよう。

上の名言では、受験英語で定番の「the 比較級 + the 比較級」という形が見られる。この比較級の構文は、よく「〜す

ればするほど…である」と訳されたりするが、実は、これは、（比較構文である前に）一種の話題化構文でもあったりするのだ。話題化構文については第10講で詳しく見るが、ポイントは、「（the）比較級」の部分が、本来ある位置から文頭に移動されている、ということだ。

　たとえば、上の文だと、The more time we spend on planning a project の部分は、もともと we spend more time on planning a project といったように、more time が spend の目的語の位置にあり、そして文頭の位置に移動させられているのだ。一方、the less total time is required for it の方であるが、こちらは、the less total time が受動文の主語となり既に文頭にあることもあり、それでもうこれ以上文頭には動かせないということで、受動文の主語の位置に居座っているのである。なお、なぜ文頭に移動すると the がつくかについては、「the 比較級 + the 比較級」という構文の特徴だと考えておいて差し支えない。

　いずれにせよ、「the 比較級 + the 比較級」の「（the）比較級」の部分は、話題提供のために、本来ある位置から文頭に移動させられているのである。まずはこのことをしっかり理解しておくようにしよう。

　それはそうと、上の Bliss の名言であるが、その通りである。何をやるにしても、とくに大きな仕事をする時は、たっぷりと準備に時間をかけないといけない。しっかり計画なり準備をすれば、あとの仕事はサクサク片付けられる。逆に、しっかり計画を立てなかったり準備をいい加減にしたりすると、その後の仕事が暗礁に乗り上げたりして遅々として進ま

なくなったりする。仕事を気持ちよくやりたいのであれば、準備ならびに計画に十分時間をかける必要があるというのはその通りである。

さて、せっかくなので、「the 比較級 + the 比較級」が使われている名言をもう一つだけ紹介しておこう。

I'm a great believer in luck, and I find the harder I work the more I have of it.
(意訳：私は運というのを本気で信じている。一生懸命がんばればがんばるほど運も向いてくるということを私は知っている。)

これは第 3 代アメリカ合衆国大統領の Thomas Jefferson のことばである。この文では、the harder が I work の副詞として機能していることから分かるように、the harder I work はもともと I work harder という形の文であった。そして、文末にあった副詞 harder が文頭に移動してきたのである。一方、the more I have of it の the more であるが、これは have の目的語として解釈されることから分かるように、もともとは I have more of it という形の文であった。そして、have の目的語である more が文頭に移動してきたのである。

つまり、the harder I work の harder も、the more I have of it の more も、話題提供のために文頭の位置に移動してきたのに過ぎないのだ。

何はともあれ、「the 比較級 + the 比較級」といったもの

を構文として認識するのではなく、「(the) 比較級」の部分が文の中でどのように機能しているのか、まずはそれを探ることだ。

　文法的な話はこれぐらいでいいとして、上のジェファーソンのことばであるが、ほんとその通りである。努力すれば報われるとは限らないが、努力しなければ報われることはないし、努力をすればするほど報われる可能性が高くなる。すなわち、幸福の女神に微笑んでもらえる可能性が高くなる。

　世の中そんなに甘くはなく、楽していい思いをしようとしてもダメだ。努力した分しかいい思いができないのが現実である。楽して楽しい思いをしているように見える人でも、意外と見えないところで血のにじむような努力をしているものだ。その意味では、運というのは偶然の産物ではなく必然の産物である。そして、このことを真に理解している人は、己の力で運を勝ち取った勝者だけだったりする。人生なんて、そして人生の勝ち負けなんて、所詮そんなものだったりする。

第8講

否定と肯定
外見ではなく意味で考える

この文は肯定文、それとも否定文？

Though little danger exists in today's 30-minute ferry ride across the Strait of Messina, planners eager to speed up the crossing imagine a new kind of colossus.

(*National Geographic*, September 2003)

1 まずは英文法をしっかり押さえよう！

　英語を読むにあたり、否定のことばが出てきたら要注意だ。というのも、字面だけを追っていてはどこを否定しているのか分からなかったりするからだ。つまり、形式上否定されているところと意味上否定されているところがズレたりしていることがあるのだ。そのようなこともあり、字面だけ追っていると、否定の単語が「落とし穴」というか「トラップ」となり、とんでもない誤訳をしてしまうことがある。英語を読んでいて否定の単語が出てきたら、そこでちょっと立ち止ま

り、実際どこを否定しているのかよく考えてみることが大切だ。

　否定のことばが出てきたら注意を要するのは分かったとして、これから具体的な例を見ていきながら、否定の単語の「対処法」について考えていきたいと思う。まず、何の変哲もない次の文を見てもらいたい。

（1）Naoko doesn't think Hatakeyama's beard is cool.

　さて、皆さんは、この文をどう訳すなり解釈するだろうか。普通は「ハタケヤマの鬚が格好いいとは思わない」と訳すなり解釈してそれでおしまい（というか満足してしまう）かと思う。でも、この文にはもう１つ解釈がある。それが、「ハタケヤマの鬚は格好よくないと思う」というものだ。ようするに、否定の not が is cool のところを否定している解釈である。

　この文なら、どちらの意味で解釈しても、直子はハタケヤマの鬚が（イケているのではなく）逝けていると思っているわけで、解釈としてはほとんど差がない。つまり、どちらの意味で解釈しても誤訳ということにはならない。

　では、次の例ではどうだろうか。

（2）Naoko didn't marry Yuji because he was rich.

　この文は、普通に読んだら、「雄二がお金持ちだったから、それで直子は雄二と結婚しなかった」と解釈することであろう。つまり、「直子は雄二と結婚しなかった」と解釈すること

であろう。でも、この文にはもう1つ解釈がある。それは、「直子は、雄二が金持ちだから結婚したわけではない」というものだ。つまり、「直子は雄二と結婚した」と解釈する読みである。この解釈だと、直子と雄二は結婚したのであるから、否定のことば didn't は marry を否定しているわけではない。では、どこを否定しているかというと、もうお分かりの通り、he was rich のところである。だからこそ、この解釈だと、「金持ちだからではなく、人柄がいいからとかイケメンだから結婚した」というように、「金持ち」を否定した解釈になるのだ。

　このように、どこを否定しているのか読み間違えてしまうと、それこそ意味がまったく異なってしまったりするのだ。だからこそ、冒頭でも書いたように、否定のことばを見かけたら要注意なのだ。

　では、今度は次の文を見てみよう。

(3) I have no money.

　この文も何の変哲もない文である。が、なかなか侮(あなど)れなかったりする。否定の単語 no は、形の上では money を修飾している。でも、意味的には、もうお分かりの通り、動詞の have を否定している。したがって、図式的には次のようになる。

(4)

　　　意味上の否定
　　　　┌───┐
　　　　│　　↓
　　I have no money.
　　　　　　↑　　│
　　　　　　└───┘
　　　形式上の否定

　だからこそ、(3) は (5) のように言い換える(パラフレーズする)ことができるのだ。

(5) I don't have money.

　このように、見かけ上否定されているところと実際に意味的に否定されているところがズレたりするからこそ、注意が必要なのだ。
　さて、上で見た (3) の文であるが(下に繰り返す)、

(3) I have no money.

　この文の no money を文頭にもってくると、次の文に見られるように、主語と助動詞の間で倒置が起きる。

(6) No money do I have.

　そして、このような事実に基づき、よく、「否定のことばを文頭にもってくると倒置が起きる」と言われたりするが、実は、

これはウソである。というのも、次の例にあるように、否定のことばを文頭にもってきても倒置が起きないことがあるからだ（文頭にある＊はその文がダメであることを表している）。

（7）*Not long ago did it rain.
（8）Not long ago it rained.

上の例において、倒置が起きているとダメで（(7)の例）、倒置が起きていないといい（(8)の例）ことに注意されたい。

では、なぜ上の例では否定のことばが文頭にきているのに倒置することが許されないのであろうか。それは、文頭にきている not long ago という表現は、形こそ否定ではあるが、a short time ago（ちょっと前に）といったものにパラフレーズできることから分かるように、実は見せかけの「否定の表現」であるからだ。つまり、なんちゃって否定表現であるのだ。意味的には何ら否定のニュアンスを含んでいないので、それで not long ago を文頭にもってきても倒置が起きないのだ。

これと同じことが次の文にも言える。

（9）Not far away it was raining very hard.

この文も、上の（7）と同じように倒置を起こすとダメになる。

（10）*Not far away was it raining very hard.

理由はもうお分かりかと思うが、not far away は near（近くで）にパラフレーズできることから分かるように、外見とは裏腹に、実は否定の意味を含んでいないからだ。

　このように、否定の単語があるからといって、それを文頭にもってきたら常に倒置が起きるかというと、そうでもないのだ。このようなことからも分かるように、否定のことばが出てきたら、とにかく、「否定の意味」といったものをよく考える必要があるのだ。

　では、これらのことを踏まえた上で、今度は次の文を見てみよう。

(11) Only on weekends did I see those students.

　この文では倒置が起きている。でも、文頭にある only on weekends には否定の語が見あたらない。否定の語があるわけでもなく、さらには、疑問の表現でもないのに、なぜ倒置が起きているのだろうか。実は、この文は、先ほどの (8) や (9) とは逆で、表面的には否定の語はないのだが、意味的には否定の語が隠されているからだ。つまり、否定の語が、見えない形で、only on weekends の中に潜んでいるから、それで倒置が可能となっているのだ。その証拠に、only を日本語に訳すと、「〜しかない」というように「ない」という否定の語が出てくる（第 4 講の「4　名言から学ぶ英文法ワンポイント・レッスン」も参照）。

　同じことが次の例にも言える。

(12) Only when they also encountered radiation did the water bears capitulate —— just 10 percent made it.(*Scientific American*, November 2008)

（意訳：さらに放射線を浴びた時にだけクマムシはくたばった。とはいうものの、たった1割しか死ななかったのだが。）

この文はもともと、The water bears capitulated only when they also encountered radiation —— just 10 percent made it. というものであったのだが、文末にある副詞句 only when they also encountered radiation が文頭にもってこられたために、主語と助動詞の間で倒置が起きている。理由はもうお分かりかと思うが、only when they also encountered radiation の中に見えない否定の語が潜んでいるからだ。

こういった一連の例（とくに (8) – (9) と (11) – (12)）から分かるように、「否定文」といえども、一見すると否定文のように見えるけど実は否定文ではなかったり、その逆で、否定文のようには見えないけれど実は否定文というものがあったりするのだ。

最後に、ちょっとだけ「大人向き」の例を紹介して、皆さんにもう少し否定文の奥深さを堪能してもらおうかと思う。次の例を見てもらいたい。

(13) In no clothes does Mary look attractive.
(14) In no clothes, Mary looks attractive.

上の2つの文では、ともに、本来文末にあるべき in no clothes が文頭にきている。そして、(13) では倒置が起きている一方で、(14) では倒置が起きていない。しかも、(13) と (14) はともに英語として何ら問題がない。この2つの文がともにいいことから、上でも見たように、「否定のことばを文頭にもってくると倒置が起きる」というのがウソだということが改めて分かってもらえるかと思う。もしホントだったら (14) はダメになるはずであるからだ。

　さて、(13) と (14) がともにまともな文だということを確認したところで、(13) と (14) の意味について考えてみたい。そこで、まず断っておきたいのだが、というか既にお断りしているように、(13) と (14) の文は、これからの話から分かるように、実はちょっと「大人向き」の文である。別に私がエロいから (13) と (14) を好きこのんで使っているのではなく、この文を使うと話が非常に分かりやすくなり、しかも教育効果が高いからこそ、それで使っているだけのことである。そこのところ、どうぞ誤解なきよう、そしてご理解いただいた上でこの先を読んでいただければと思う。

　では、いらぬ誤解をもたれぬよう先手を打ったところで、まずは (13) の文から見ていきたいと思う ((13) を下に繰り返す)。

(13) In no clothes does Mary look attractive.

　これまでの話から分かるように、この文は否定文である。なぜならば、倒置が起きているからだ。実際、この文に付加

疑問を付けるとなると次のようになり、

(15) In no clothes does Mary look attractive, does she?

肯定の付加疑問が付くが、これは、(13) が否定文であることを如実に物語っている。というのも、肯定の付加疑問は否定文にしか付かないからだ。

さて、(13) が否定文だと分かったところで、(13) の意味について考えてみよう。読者の皆さんはもうお分かりかと思うが、(13) は、「メアリーは何を着ても魅力的に見えない」という意味である。つまり、メアリーは素材がよろしくないといっているのである……。女性の読者から叱られそうだが……（あくまでも例文の上での話だということでご勘弁いただきたい）。

では、次に (14) について見てみよう ((14) を下に繰り返す)。

(14) In no clothes, Mary looks attractive.

上の文では倒置が起きていない。ということは、これまでの話から分かるように、上の文は肯定文であるのだ。実際、この文に付加疑問を付けると次のようになり、

(16) In no clothes, Mary looks attractive, doesn't she?

否定の付加疑問が付くが、これは、(14) が肯定文であるこ

とを如実に物語っている。というのも、否定の付加疑問は肯定文にしか付かないからだ。

　さて、(14)が肯定文だと分かったところで(14)の意味について考えてみたいのだが、皆さんはもうお分かりのように、(14)は「メアリーは服を着ていないと魅力的である」という意味なのである。つまり、メアリーは「脱いだらスゴイんです」という、服の上からは分からないナイスバディをしているということであるのだ……。これまた女性の読者から叱られそうだが……（あくまでも例文の上での話だということでご勘弁いただきたい）。

　このように、否定のことばを文頭にもってきて、その後、主語と助動詞を倒置させるかどうかにより、意味がまったく異なってきてしまうのだ。英文を読む時はもちろんのこと、英作文する時もまた、このあたりのことをよく注意する必要がある。

　(13)が否定文で(14)が肯定文だと分かったところで、さて、(14)はいったいどんな構文の文なのだろうか。話題化構文というものを第10講で詳しく見るが、実は、(14)は話題化構文といった構文の文なのである。

2 実際の科学記事に挑戦！

では、これまで見たことを踏まえた上で、次の例を見てみよう。

(17) "Expert reviews of studies done over the past 30 years have found no reason to believe that there are any health hazards whatsoever," says Mays Swicord, scientific director of Motorola's Electromagnetic Energy Programs. (*Popular Science*, February 2004)
（意訳：「過去 30 年の先行研究をその道のプロが検証したところ、どんなものであれ、体に問題が生じることを示すような信頼できる根拠は何一つなかった」と、Motorola 社の Electromagnetic Energy Programs の科学部門の所長である Mays Swicord は言っている。)

have found no reason のところを見てもらいたいのだが、no は、形の上では reason を否定しているが、これは形の上だけのことで、実際は動詞 have found を否定している。よって、「何一つなかった」という意訳からも分かるように、動詞を否定する形で解釈してやるとよい。

(17)（と (3)）では no が目的語についているが、もちろん、主語につくこともある。次の例を見てみよう。

(18) The truth is that no one knows.（*Newsweek*, December 2003）

（意訳：本当のところは分からない。）

　no one knows のところを見てもらいたいが、no は、形の上とは裏腹に、意味的には knows を否定している。したがって、意訳の「分からない」のように、動詞を否定して解釈してやるとよい。このように、主語の名詞に no がついていても、動詞を否定するような形で解釈してやるとよい。

　目的語と主語に no がついている例をこれまで見てきたわけであるが、次の例にあるように、no が補語につくことも、もちろん、ある。

(19) It's no secret how smoking destroys lungs, but scientists have wondered why most smokers have old-looking, pockmarked skin too.（*Popular Science*, September 2001）

（意訳：タバコがどうやって肺をダメにしてしまうのかはもはや謎ではない。しかし、なぜ喫煙者のほとんどが老け顔で顔がデコボコしているのかはまだ謎のままだ。）

　It's no secret how smoking destroys lungs の no secret のところを見てもらいたいが、no は、形式上はその後ろにある secret を修飾しているのではあるが、これまでの話から察しがつくように、実は、意味的には It's の 's（つまり is）

を修飾している。したがって、意訳の「謎ではない」にあるように、動詞を否定して解釈してやるとよい。

　目的語であれ、主語であれ、補語であれ、名詞を否定する語は何も no に限らない。他の否定の語だって使うことができる。次の例を見てみよう。

（20）Fewer than one in 10 patients attempted alternatives after completing hypnotherapy.
（*Scientific American*, January 2004）
（意訳：催眠療法を終了した後、他の代替的な手段に手を出した人は、治療を受けた人の 10 人に 1 人もいなかった。）

　主語が Fewer than one in 10 patients となっているが、ここを「10 人の患者さんのうち 1 人以下の人」とか訳なり解釈しているようではダメだ。ここも、先の例と同じように、Fewer という否定の語を動詞にかけて解釈してやらないといけない。つまり、意訳にあるように、「10 人に 1 人もいなかった」と解釈してやらないといけない。

　では、これまでのことを踏まえて、表題にある次の文を解釈してみよう。

（21）Though little danger exists in today's 30-minute ferry ride across the Strait of Messina, planners eager to speed up the crossing imagine a new kind of colossus.（*National Geographic*, September

2003)

（意訳：今日メッシナ海峡を渡るのに、フェリーで30分程かかるが、何ら問題はない。でも、時間の短縮をもくろむ都市計画者たちは、そこにとてつもないものをつくろうとしている。）

little danger の little は、これまでの話から分かるように、形の上ではその直後の danger を修飾しているが、実際は、というか意味上は、動詞 exists を修飾している。だからこそ、意訳の「何ら問題はない（＝何ら危険がない）」のように、動詞を否定して解釈してやるとよい。

これらのことからお分かりのように、とにかく、名詞に否定のことばがついていたら、これを動詞にかけて解釈してやるとよい。つまり、動詞を否定するようにして解釈してやるとよいのだ。これが否定のことばを扱うコツであるが、「**1 まずは英文法をしっかり押さえよう！**」でも見たように、他にもいろいろと否定のことばを扱う「裏ワザ」がある。どれもしっかり頭の中にたたき込んでおくようにしよう。

3 科学英語から英文法と科学の世界を学ぶ

Though little danger exists in today's 30-minute ferry ride across the Strait of Messina, planners eager to speed up the crossing imagine a new kind of colossus.
(*National Geographic*, September 2003)

　上の文は、断層の上に巨大吊り橋を建設しているイタリアの話（Monster Bridge for Italy?）からとってきたものであるが、こういった文からこそ、日本語には見られない、そして英語ならではの否定のことばの扱い方といったものを学ぶことができる。またその逆で、そういった否定のことばの取り扱い方をしっかり理解しないことには、上のような文を正しく読むことができなければ、自然な日本語に訳すこともできないのだ。

　さて、断層の上に巨大吊り橋をつくるのも怖いが、地震を誘発しかねないほどの大きな建築物をつくるのも、これまた怖い。というか、もっと怖い。そのようなとてつもなくデカイものを中国がつくったのであるが、それが他ならぬ三峡ダムである。ダムがデカイということは溜められている水の量もハンパではないということだ。研究者の中には、その水の重さにダム近辺の地盤が耐えきれずいずれ地震を誘発しかねないとも指摘している人がいるぐらいだ。もしそのようなことがあったら、スマトラ島沖の大津波のレベルではないであろう。また、仮に三峡ダムの近くで地震があったら、三峡ダ

4 名言から学ぶ英文法ワンポイント・レッスン

Our limitations and success will be based, most often, on your own expectations for ourselves. What the mind dwells upon, the body acts upon.
(意訳：私たちの限界と成功というものは、ほとんどの場合において、自分で自分をどのくらい期待しているかにかかっている。心あるところ、そこに体は動いていくのである。)

　自己啓発の本の著者として知られている Denis Waitley のことばである。自己啓発の本を書いている人らしく、人をやる気にさせる、そんなことばになっている。まず文法的なことから見ていくが、最初の文（Our limitations and success will be based, most often, on your own expectations for ourselves.）では based と on の間に most often という副詞が挿入されている。depend on や be based on のように、動詞と前置詞がセットで使われている場合、このように、よく動詞と前置詞の間に副詞が挿入される。
　次に２つめの文（What the mind dwells upon, the body acts upon.）について見てみるが、これはなかなか面白い形を

している。この文は、もともと、The body acts upon what the mind dwells upon. といった形をしていた。そして、この文の文末にある what the mind dwells upon を、この文の話題（トピック）として取り上げるために、わざわざ文頭に動かしているのだ。このように、文のある部分を話題提供のために文頭にもってくる文法操作を話題化と言うが、これについては第 10 講で詳しく扱う。

　さて、上の名言であるが、そこで言われていることに皆さんも何かしら思い当たるところがあるのではなかろうか。「俺はせいぜいこの程度の人間さ」と考えていると、本当に「せいぜいこの程度」の仕事しかできなくなるし、その結果「せいぜいこの程度」の成功しか収められなかったりする。逆に、「俺はこの程度の人間じゃない。もっとできる人間だ」と思っていると、思っていた以上の仕事ができ、そして想定外の成功を収めることができたりする。つまり、自分で自分のことをどう見ているか、これがアクティビティの高さと仕事の出来具合を左右し、そしてその結果、成功の程度が変わってくるのだ。ようは、「自分の力を見くびるな、大志を抱け！」ということである。というか、「少年よ大志を抱け！」じゃ十分でなく「老若男女、一人残らず大志を抱け！」といったところであろう。

　上の Waitley の名言では、挿入句であることが分かるように、わざわざコンマで most often がくくられているが、次の Dale Carnegie の名言では、副詞の solely がコンマなしで depends と upon の間に挿入されている。

Remember happiness doesn't depend upon who you are or what you have; it depends solely upon what you think.

（意訳：幸せというのは、あなたがどんな人物であるかとか、あなたが何をもっているかで決まるものではない。あなたが何を考えているか、それのみで決まってくるものだ。これは肝に銘じておいた方がよい。）

　これまた、上の名言の内容にも皆さん思い当たるところがあるのではなかろうか。「病は気から」ということばがあるが、「幸・不幸は気持ちの持ちようから」と言えそうである。心身ともに気持ちの持ちようといったところであろう。

第9講

倒置

ひときわ英語らしい表現

この文は1文、それとも2文？

"That's certainly the implication," says Robert Sack, medical director of the sleep disorders clinic at Oregon Health and Science University in Portland, Oregon. "However, we would need more study before we jump to that conclusion."

(*Popular Science*, September 2001)

1 まずは英文法をしっかり押さえよう！

　日本語にない英語独特の文法事項といったものはたくさんある。その中でもひときわ目立ち、そして「あぁ、英語らしいなぁ〜」と感じられるのは、おそらく、いわゆる倒置であろう。

　倒置というと、一般的には、次の例にあるように、

(1) What did you eat?

whで始まる単語が文頭にきて、そして、それに付随して主語と助動詞が倒置しているものを指して言う。第8講では、これに似たものとして、否定の語が絡んだ次のような倒置の文を見た。

(2) Never did I hit Mary.

　上の文でも、否定の単語 never が文頭にきていて、それに付随するような格好で、主語と助動詞の間で倒置が起きている。このあたり、状況は（1）とまったく同じである。
　このように、普通「倒置」と言うと、何か単語が文頭にきて、そして、それに付随して主語と助動詞が倒置するものを指して言うが、次に見るように、主語と助動詞が倒置せず、主語と動詞が倒置するものもある（文頭にある＊は、その文がダメであることを示している）。

(3) Into the room walked John.
(4) *Into the room did John walk.

　（3）のような文を場所倒置構文と言ったりするが、「場所倒置構文」ということばを聞いたことがなくても、（3）のような文はこれまで何度か見かけたことがあるかと思う。たとえば、身近なところだと、次のようなものがある。

(5) After a storm comes a calm.
　　（雨降って地固まる）

(6) Out of the mouth comes evil.
　（口は災いの元）

　上の2つの文はどちらも諺であるが、これらの諺でも、文頭に場所（ないし場所的ニュアンスを含む時間）の表現がきていて、さらに、主語と（助動詞ではなく）動詞の間で倒置が起きている。このように、実は、場所倒置構文というのは意外と身近なところにあったりするのだ。

　さて、せっかくだから、ここで場所倒置構文についてちょっと詳しく見ておこうかと思う。というのも、上でも軽く触れたように、よく目にする構文であるにもかかわらず、場所倒置構文は意外と学校では教えてもらうことがないからだ。ただ、そうはいっても、場所倒置構文についてあれこれ書くのは本書の趣旨からズレるので、ここでは、場所倒置構文の意味的な特徴のみ紹介したいと思う。

　皆さんは既にお気づきかと思うが、(3)の場所倒置構文は次の(7)の文をもとにしてつくられている（(3)を下に繰り返す）。

(7) John walked into the room.
(3) Into the room walked John.

　ここで気になるのが、(7) と (3) の意味の違いである。
　本書を最初から読んでいる方ならお分かりかと思うが、第2講で「英語という言語では、実は、文末にあるものに焦点が置かれている」といったことを私は書いた。実は、これが、

（7）と（3）の意味の違いを知るヒントになるのだ。

　まず（7）の意味から見ていくが、これは、「ジョンがどこに歩いて行ったのか」を述べた文である。つまり、文末にある into the room にスポットライトが当てられている文であるのだ。一方、（3）の場所倒置構文の文であるが、こちらは、「部屋を歩いて行ったのは誰か」について述べた文である。

　つまり、文末にある John にスポットライトが当てられている。したがって、これらの微妙な意味の違いを考慮して訳すと、（7）は「ジョンがその部屋に歩いて行った」となり、その一方で（3）は、「その部屋に歩いていったのはジョンだ」というようになる。

　簡単にではあるが、ちょっと変わった倒置構文である場所倒置構文について紹介した。ポイントは、場所にまつわる表現が文頭にくると、それに伴って主語と（助動詞ではなく）動詞が倒置する、ということだ。実は、次の「**2　実際の科学記事に挑戦！**」で詳しく見るように、こういったちょっと変わった倒置は他にもあるのだ。しかも、場所倒置構文以上にもっと変わっていたりする。さて、どこがどう変わっているのだろうか。そして、そんな変態倒置構文とはいったいどういったものなのだろうか。さぁ、次の「**2　実際の科学記事に挑戦！**」を見てみよう。

2 実際の科学記事に挑戦！

次にあるちょっと長めのパッセージを見てもらいたい。

(8) "We've got to reach out to these women," says Dr. Claudia Henschke, the study's author. "They shouldn't start smoking, and they really need to stop."(*Newsweek*, January 2004)
（意訳：この研究の著者である Claudia Henschke 博士は、「そのような女性に対してこそ、援助の手をさしのべるべきなのだ。そして、女性は喫煙を始めるべきではないし、タバコを吸っているのなら本当にやめるべきだ」と言っている。）

意訳を見てもらえれば分かるように、実は、上のパッセージは、もともと次のような文であったのだ。

(9) Dr. Claudia Henschke, the study's author, says "We've got to reach out to these women. They shouldn't start smoking, and they really need to stop."

この (9) の文の引用文を前半と後半に分け、その分けた2つの文をつなげるように、しかも、主語と（助動詞ではなく）動詞を倒置させる形で、話し手が誰なのかを紹介している文、

それが（8）であるのだ。

　つまり、日本語で'「○○△△」と太郎が言った'というのを英語で言おうとしたら、まず「○○△△」の部分を「○○」と「△△」の2つに分割し、さらに、'太郎が言った'の部分を倒置させ、"○○" said Taro "△△" とするのだ。もちろん、Taro said "○○△△" や "○○△△" said Taro と書くことも可能だ。でも、"○○" said Taro "△△" と書くのが普通というか一般的である。逆に、"○○△△" did Taro say や "○○" did Taro say "△△" と書くことは許されない。これは意外と知られていないというか、大学でも教えてもらうことがなかったりする。知らない人はしっかりと覚えておくようにしよう。

　第1部で、場所倒置構文と似ていてさらに変わっている倒置構文があると言ったが、それが、まさに今、上で紹介した「引用倒置構文」とも呼べるものなのである。

　さて、引用倒置構文について何となく分かったところで、ちょっと引用倒置構文の例をいくつか見てみることにしよう。次のパッセージを見てみよう。

（10）"Synesthesia is not a mere curiosity," says retired neurologist Richard Cytowic, who helped spur the current interest. "It's a window into an enormous expanse of the mind."（*Newsweek*, December 2003）
（意訳：「共感覚はたんにヘンなことではないのです。共感覚は、とてつもない広がりをもつ心の世界に向かって開く窓なのです」と言っているのは、退職した神

経学者の Richard Cytowic である。彼が共感覚のブームをつくった張本人である。)

この文も、もうお分かりの通り、もともとは次のような1文であった。

(11) Retired neurologist Richard Cytowic, who helped spur the current interest, says "Synesthesia is not a mere curiosity. It's a window into an enormous expanse of the mind."

そして、引用倒置構文の一連の文法操作（つまり、引用文の2分割と、倒置した「動詞＋主語」の挿入）を適用して(10)をつくっているのだ。

もうこれでお分かりかと思うが、引用文があって、その後ろに倒置された「動詞＋主語」があったら、そこですかさずその直後にさらに引用文がないか探すのだ。そして、もしあったのであれば、その時は、頭の中で2つの引用文をドッキングさせて1つの引用文として解釈するのだ。

もう1つだけ似たような例を見ておこう。

(12) "These guys are on the frontier of brain science and robotics," says Hiroaki Kitano, director of Sony Computer Science Laboratories and the Kitano Symbiotic Systems Project. "Other people build robots for performance but they are using

robots as a vehicle to understand human intelligence."（*Nature*, May 2004）

（意訳：「こいつらは脳科学とロボット工学の最先端にいる。他の連中はロボットをつくってロボットに何かさせているだけだが、こいつらの場合ロボットはあくまで人間の知性を探るための手段に過ぎない」と言っているのは、ソニーコンピュータサイエンス研究所と北野共生システムプロジェクトの所長である北野宏明だ。）

　この文も、上の2つの例と同じく、もともとは次のような1文であった。

（13）Hiroaki Kitano, director of Sony Computer Science Laboratories and the Kitano Symbiotic Systems Project, says "These guys are on the frontier of brain science and robotics. Other people build robots for performance but they are using robots as a vehicle to understand human intelligence."

　よって、(12)を解釈するにあたっては、(13)を解釈すればいいことになる。ゴチャゴチャしている(12)も頭の中で(13)のように整理すれば、解釈をするにしても何の苦労もなくできるのだ。
　では、これまでのことを踏まえた上で、表題にある次の文を解釈してみよう。

(14) "That's certainly the implication," says Robert Sack, medical director of the sleep disorders clinic at Oregon Health and Science University in Portland, Oregon. "However, we would need more study before we jump to that conclusion."
(*Popular Science*, September 2001)
(意訳:「まぁ、たしかにそうでしょうね。でも、そのような結論を導くには、まだもっと調査が必要でしょうね」と、オレゴン州はポートランドの Oregon Health and Science University の睡眠障害科の所長である Robert Sack は言う。)

もうお分かりの通り、この文は次の1文をもとにしてつくられている。

(15) Robert Sack, medical director of the sleep disorders clinic at Oregon Health and Science University in Portland, Oregon, says "That's certainly the implication. However, we would need more study before we jump to that conclusion."

すなわち、(14) は次の (16) の日本語を英語にしたものであるのだ。

(16) オレゴン州はポートランドの Oregon Health and

Science Universityの睡眠障害科の所長であるRobert Sackが「まぁ、たしかにそうでしょうね。でも、そのような結論を導くには、まだもっと調査が必要でしょうね」と言っている。

つまり、(16)を素直に英語にしたのが(15)で、(15)をさらに英語らしくしたのが(14)なのである。

引用文というと、すぐに直接話法がどうのこうのとか、間接話法がどうのこうのとか言われたりするが、実は、もっと大切なことがあるのだ。それが、上で見た引用倒置構文という変態倒置構文であるのだ。

3 科学英語から英文法と科学の世界を学ぶ

"That's certainly the implication," says Robert Sack, medical director of the sleep disorders clinic at Oregon Health and Science University in Portland, Oregon. "However, we would need more study before we jump to that conclusion."(*Popular Science*, September 2001）

上のパッセージは時差ボケをはじめとした睡眠障害を扱った記事（Does Flying Shrink the Brain?）からとってきたものであるが、こういったパッセージからこそ、学校では教えてもらうことのない「禁断の文法」といったものを学ぶこと

ができる。またその逆で、こういったトリビアな「オタクな文法」を知らないことには、上のようなパッセージを正しく読むことができないのだ。

　さて、睡眠障害であるが、これは、腰痛とともに現代人の共通の悩みというか持病と言えよう。かくいう私はひどい腰痛持ちで、寝返りした瞬間に腰にくる激痛で目が覚めてしまうほどである。そういったこともあり、私はここ数年、3時間以上連続して寝たことがない。

　私の腰痛と睡眠障害の話はどうでもいいとして、私が学生によく言うことばというかセリフがある。それは、「寝られる時に寝ておけ」というものだ。意外と知られていないことかと思うが、深くしかも長く眠るためには体力が必要である。したがって、年をとり体力がなくなってくると深く長く眠ることができなくなってくる。さらに、年を重ねるにつれ、寝る時間がなかなかとれなくなってくる。そういったこともあり、「大学時代に寝とかないともう一生ぐっすり寝ることはできないぞ！」ということで学生にはよく「寝られる時に寝ておけ」と言っている。

　睡眠時間が問題とされるのは何も大人に限った話ではない。睡眠時間の多い少ないは、実は、子どもにも大きな影響を与えるのである。*Obesity*（2008）にある "Is Sleep Duration Associated With Childhood Obesity? A Systematic Review and Meta-analysis" という論文によると、子どもに限って言うと、睡眠時間と肥満には相関性があるようだ。具体的に見てみると、その論文によれば、5歳未満の子どもは最低11時間寝る必要があり、5歳以上10歳以下の子どもは最低10時

間寝る必要があり、そして10歳より上の子どもは最低でも９時間寝る必要があるが、この推奨される睡眠時間を満たさないと、驚くことに、かなり高い確率で肥満になるとのことなのだ。具体的に見てみると、睡眠時間が１時間少ないと43％の確率で肥満になり、１－２時間少ないと60％の確率で肥満になり、そして２時間以上少ないと92％の確率で肥満になるとのことである。この数値を見ただけでも、あくまでも子どもに限った話ではあるが、痩せようと思ったら、ダイエットをしたり運動をしたりするよりもよく寝た方がずっといいということだ。「寝る子は育つ」は、実は「寝る子はスリムに育つ」ということだ。

4 名言から学ぶ英文法ワンポイント・レッスン

Never tell a lie, but the truth you don't have to tell.
（意訳：嘘をつくな。でも、本当のことを言う必要はない。）

　これは George Safir という人のことばであるが、なかなかウィットに富んだ名言となっている。一見矛盾したことを言っているかのように見えるが、それでいてなかなか的を射たナイスな名言である。ようするに、この名言は、嘘をつかないことと本当のことを言うことは必ずしもイコールではないと言っているのであるが、何はともあれ、とかく大人の世界では、このような自家撞着的なパラドックスが普通に通用し

たりする。というか、こういったパラドックスを理解することが処世術を身につけることでもある。嘘はつかない方がいい。かといって、本当のことを言うと相手がキレたりする。嘘とも本当のことともどちらともつかない、そういったグレーなことばのやりとりをすること、それが大人の会話でもある。ことばなんて、大人の世界では、所詮ウソをつくためのツールにしか過ぎなかったりする。本当のことは口には出さないで、皆、もう一人の自分に語りかけたりしているものだ。

　さて、この名言であるが、どこに注目してもらいたいかというと、それは、but 以下の the truth you don't have to tell のところである。冒頭にある the truth は tell の目的語である。でも、tell の後ろにはなく冒頭にある。これはなぜかというと、（前の文を受けて）「で、本当のことなんだけどさ、これは……」というように話題をふっているからである。こういった文法操作を話題化と呼んだりしているが、これについては第10講で詳しく見る。

　では、このことを念頭に置いて、今度は次のことばを見てみよう。

Everything I've got I got from eating spaghetti. You try it.... Spaghetti can be eaten most successfully if you inhale it like a vacuum cleaner.

（意訳：私が手にしたすべてのもの、それはスパゲッティを食べるようにして手に入れたわ。あなたもやってみたらいいわ……。スパゲッティというのは、掃除機のように一気に吸い込むとうまく食べられるわよ。）

これはイタリアの女優 Sophia Loren のことばであるが、最初の文の Everything I've got I got from eating spaghetti. に注目してもらいたい。Everything I've got は I got の目的語として機能している。でも、これも上の Safir の名言と同様に、got の後ろにではなく文頭に現れている。もうお分かりの通り、この Everything I've got も、もともとは I got の後ろにあったのだが、話題化の適用を受けて文頭に移動してきているのだ。おそらく、ソフィア・ローレンのこの発言の前に、ソフィア・ローレンがこれまで手にしてきたことについていろいろ話があったのであろう。そして、そのことを踏まえた上で彼女は、「で、私が今まで手に入れたものだけど、それは……」と話をしているのである。

　う〜ん、ソフィア・ローレンがこれまで手にしてきたものは、掃除機が吸い込むように一気に手にしたとのことだが、喩えとしてよく分かるようなよく分からないような……。

第10講

話題化構文

話題になっているものは文頭に

文頭にある Why they're so vulnerable って
最初からこんなところにあったの？

Why they're so vulnerable, no one knows; they may be more susceptible to carcinogens.

(*Newsweek*, January 2004)

1 まずは英文法をしっかり押さえよう！

第9講で見たように、英語には日本語にはない倒置という現象がある。しかも、2種類ある。1つは、主語と助動詞が倒置するパターンで、もう1つは、主語と動詞が倒置するパターンである。

(1) 主語と助動詞が倒置するパターン
  a. wh疑問文
   What did you eat?

b. 否定のことばが文頭にくるケース

Never did I hit Mary.

(2) 主語と動詞が倒置するパターン

a. 場所倒置構文

Into the room walked John.

b. 引用倒置構文

"I love you," said Mary. "But I will not marry you."

（1）のパターンにせよ、また（2）のパターンにせよ、そのどちらでも、文頭に単語なりフレーズがきている。このことから、文頭に単語なりフレーズがくると倒置が起きると言えそうだ。が、実はそうではない。

次の何の変哲もない文を見てみよう。

(3) John read the book.

この文の the book を文頭に出し、その後にコンマを置いてやると次のようになるが、

(4) The book, John read.

この文は文法上、何ら問題がない。一方、the book を文頭にもってきて、どんな形であれ倒置を起こすと、次の例にあるように、ダメになってしまう（文頭にある＊はその文がダメであることを示している）。

(5) *The book, did John read.
(6) *The book, read John.

　このことから分かるように、文中にある語なりフレーズを文頭に出しても倒置が起きないことがあるのだ。
　では、(4)のような文はいったい何なのであろうか。つまり、どんな構文の文なのであろうか。学校ではほとんど紹介されることがないのだが、(4) のような文を話題化構文といったりする。この名称から分かるように、文頭にある the book は、(4) の文の中で話題すなわちトピックとして機能しているのだ。したがって、(4) をしいて訳すと「その本だけど、ジョンが読んだよ」となる。
　文中の語ないしフレーズを文頭にもってきても倒置が起きないことがある。それが、まさに、話題化構文の場合だ。何かあることが話題にのぼっていて、それについてコメントをするようなとき、話題化構文を使って文を書いてみるといいだろう。英語がデキル人が読んだら、きっとあなたは一目置かれることであろう。一方、英語ができない人が読んだら、「こいつ英語書けないんじゃね？」と誤解されてしまう可能性もなきにしもあらずだが……。

2 実際の科学記事に挑戦！

　話題化構文とはいかなる構文か分かったところで、いきなりではあるが、表題の次の文を見てみよう。

(7) Why they're so vulnerable, no one knows; they may be more susceptible to carcinogens.（*Newsweek*, January 2004）
（意訳：なぜ女性がそんなにも肺ガンに罹りやすいのかは、誰も分からない。おそらく、発ガン性物質の影響を受けやすいというのがあるだろう。）

　Why they're so vulnerable, no one knows のところを見てもらいたいのだが、読者の皆さんはもうお分かりのように、この文は、No one knows why they're so vulnerable. をもとにつくられている。つまり、knows の目的語 why they're so vulnerable が話の流れ上トピックになっているので、それで文頭にもってこられたのだ。why they're so vulnerable（なぜ女性がそんなにも肺ガンに罹りやすいのか）が文脈上トピックとなっていることが分かるよう、意訳でもちょっと工夫を凝らしているのだが、さて、皆さんはお分かりだろうか。

3 科学英語から英文法と科学の世界を学ぶ

Why they're so vulnerable, no one knows; they may be more susceptible to carcinogens.(*Newsweek*, January 2004)

　上の文は女性の肺ガンを扱っている記事（Blowing Smoke）からとってきたものであるが、こういった文からこそ、マニアックでありながらも知っておくと得をする文法事項（すなわち話題化構文）を学ぶことができるのだ。またその逆で、こういった英文法の裏技的なものを知っておかないことには、上のような文を正確且つ精確に読むこともできないのだ。

　さて、当該の記事 Blowing Smoke によると、女性は男性に比べて2倍も肺ガンになりやすく、しかも肺ガンで死ぬ確率も高いとのこと。しかし、実は、女性の肺ガン患者の8割が非喫煙者なのである。つまり、女性の肺ガン患者のほとんどがタバコとは無縁の生活を送っているのである。

　では、何が原因で肺ガンになってしまったかというと、どうも、女性ホルモンの異常のせいらしい。ちなみに男性の肺ガン患者では、7割が喫煙が原因で残りの3割は原因が不明であるのだ。こう書くと「なんだ、女性の肺ガン患者の8割が、そして男性の肺ガン患者の3割がタバコとは無関係なんだ。それならタバコと肺ガンってあんまり関係ないのでは？」と思われるかもしれないが、でも、ああだこうだ言っても、タバコと肺ガンの間には切っても切れない関係がある。

タバコを吸わない人も、女性なら上で出てきた「8割」の中に、そして男性なら「3割」の中に入らないとも限らない。また、女性の喫煙者では、残りの「2割」に、そして男性の喫煙者は残りの「7割」に入る可能性が高い。肺ガンの予防にビタミンAの摂取がいいと言われている。喫煙者も非喫煙者も、肺ガン予防に、日頃からレバーやチーズ、それに卵黄や緑黄色野菜をとるといいであろう。

　ちなみに私がよく行くライヴハウスはヘビースモーカーの溜まり場ということもあり、家に帰ると下着までタバコの臭いが染みついている。おそらく、ライヴハウスに1回行くごとに2時間ぐらい寿命が縮まっていることかと思う。が、ライヴバウス通いをやめるとストレスが溜まってこれまた1回行かないごとに2時間ほど寿命が縮まることであろう。

　どうせ寿命が縮まるなら楽しんで寿命を縮ませた方がよい。そんなこんなで、たぶんこれからもライヴハウス通いは続くことであろう。これが私の「健康法」であるが、体に悪いことは精神によく、精神によいことは体に悪かったりする。体にも精神にもいいことなんてきっと体にも精神にもよくないにきまっている。

4 名言から学ぶ英文法ワンポイント・レッスン

Marriage is the lack of judgment; divorce the lack of patience and remarriage the lack of memory.

（意訳：結婚は判断力の欠如の結果するものであり、離婚は忍耐力の欠如の結果、そして再婚は記憶力の欠如の結果するものである。）

George Eliot の名言である。ちなみに 'George Eliot' はペンネームであり、George といった男性名になっているが、George Eliot は女性である。なぜエリオットが男性のペンネームを使っていたのかは後ほど述べるとして、上の名言、なかなか意味深い。既婚者は上の名言の言わんとしていることの３分の１を理解するであろうし、離婚経験者は上の名言の３分の２を、そして再婚者は上のことばのすべてを理解できることであろう。ちなみに私は上の名言の３分の１しか理解できないが。閑話休題。

さて、上の名言を文法レベルでちょっと詳しく見ていこう。まず１つめの文（Marriage is the lack of judgment）と残りの２つのフレーズ（divorce the lack of patience と remarriage the lack of memory）がセミコロン（;）で区切られていることに注意されたい。セミコロンは、逆接や対比といった強い意味関係を示す「接続詞」として機能するが、ここでは、対比ぐらいの意味で使われているのであろう。また、２つめのフレーズ（divorce the lack of patience）と３つめのフレー

ズ（remarriage the lack of memory）において、be 動詞の is がそれぞれ省略されていることにも注意されたい。1 つめの文（Marriage is the lack of judgment）で既に is が使われていることもあり、2 つめのフレーズと 3 つめのフレーズでまた同じように is を使うとエコロジカルでない。そこで、「書く時も省エネで！」ということで、2 つめのフレーズと 3 つめのフレーズ（つまりセミコロンの後ろにある 2 つのフレーズ）では is が省略されているのである（英語における動詞の省略については、第 6 講の「**1　まずは英文法をしっかり押さえよう！**」を参照）。よって、上の名言をパラフレーズすると次のようになる。

Marriage is the lack of judgment, while divorce is the lack of patience and remarriage is the lack of memory.

　最初の話（つまり、エリオットのペンネームの話）に戻るが、なぜエリオットは男性名の「ジョージ」なんかをペンネームに使っていたのであろうか。実は、エリオットは妻子持ちのジョージ・ヘンリー・ルイスという男性と不倫していて、それで、その不倫相手のジョージの名前をペンネームの一部として使っていたのだ。上の名言では「結婚」や「離婚」、それに「再婚」に対してコメントがなされているが「不倫」に対しては言及されていない。エリオットは、はたして、不倫は何の欠如によるものだと言うつもりなのであろうか。倫理観とか道徳、それに貞節の欠如であるとかそういった誰でも思いつくようなことでお茶を濁さないでもらいたいところだ。

ちなみに、山本有三が「結婚は雪景色のようなものである。はじめはきれいだが、やがて雪解けしてぬかるみができる」と言っているが、なかなかするどいところを突いていると思う。エリオットの上の名言が単なることば遊びに思えてしまうほどだ。

「科学雑誌」のお勧めウェブ・サイト

本書で身につけた「英語を正確且つ精確に読む力」を使って、さらに日々自己研鑽に励めるように、良質な科学英語が豊富に読めるサイトを下記に紹介しておく。科学英語という、ネイティブでもノンネイティブでも世界の誰が読んでも正しく書かれている最良の教材をもとに、英語をツールとして未知の世界を学ぶ楽しさをぜひ身につけていただきたいと思う。

記事によっては無料で読めるものもあるが、ほとんどがアブストラクト（論文の要約）しか読めなかったりする。ただし、会員登録（有料）すればすべての記事ならびに論文を完全な形で読むことができる。

Science

http://www.sciencemag.org/magazine

米国科学振興協会（AAAS）が発行している学術雑誌。採択率が10％を切るということもあり、厳選された論文のみが掲載されている。最近だと、韓国の生物学者ファン氏のES細胞論文捏造事件で脚光を浴びた。

Nature

http://www.nature.com/nature/index.html

イギリスの Nature Publishing Group（NPG）によって編集されている学術雑誌。ノーベル賞クラスの論文が掲載されることでも有名。短めの記事や文系チックな記事もよく掲載さ

れていて量的にも内容的にも意外ととっつきやすかったりする。

Scientific American
http://www.scientificamerican.com/
アメリカの科学雑誌ではあるが、大衆向けのものである。Science や Nature では敷居が高すぎるという人にはまず Scientific American から読むのをお勧めする。掲載されているのはあくまでも記事であり論文ではない。よって、Science や Nature のように査読はされていない。日本にもこういったハイクオリティの科学雑誌があればいいと思うが、ない。残念だ。

Proceedings of the National Academy of Sciences of the United States of America
http://www.pnas.org/
通称 PNAS。米国科学アカデミーの発行する機関誌。1つの論文が短く、Nature 同様、人文社会学的なものもよく掲載されている。身近なテーマのものがよく取り上げられていることもあり、読んでいて「サイエンスって意外と身近じゃん」と思えてくることが少なくない。ポジションとしては Nature と Scientific American の中間的なものである。

National Geographic
http://ngm.nationalgeographic.com/
Scientific American では難しすぎるし、それに英語もあまり

得意ではない。でも科学の世界をリアルに感じてみたいという人にはちょうどいい。どのページも目を見張る写真でいっぱいである。写真を見るだけで十分楽しめる。ページをめくるごとに「自然ってすごいな〜、生き物ってすごいな〜」とつい口ずさんでしまうこと間違いなし。

Popular Science
http://www.popsci.com/

科学雑誌というよりはむしろ技術雑誌。海外の面白い家電製品なども紹介されていてかなり楽しめる。機械系のことに興味があるという人にはイチオシである。1つの記事も短く英語も読みやすい。Scientific Americanで挫折した人にお勧めである。工学系の人にはかなり楽しめる雑誌だと思う。

あとがき

　第10講を先ほど書き終え、今この「あとがき」を書いているのであるが、今この瞬間、何とも言えない高揚感というか達成感を味わっている。学内外の仕事に追われながらの執筆だったこともあり、本書は、もっぱら、キャンパス間の移動で途中下車したスターバックスやモスバーガー、それにマクドナルドで書いていた。「第3講のあの辺りはマクドナルドのあの席で書いていて、第8講のあそこはスターバックスのあの席で書いていたな……」と今でもその時の情景をリアルに思い出すことができるほどだ。ちなみに、この「あとがき」は今、モスバーガーの窓際の席で書いている。

　これから夏本番！という頃に、草思社の吉田充子氏からメールをもらった。執筆依頼のメールである。何度かメールのやりとりをし、そして実際に会う中で、吉田氏の人間性に惚れ、本に対する熱い思いに心を打たれ、吉田氏の私への関心にほだされ、「ほいじゃ、一発やってみるか！」ということで執筆を引き受けた次第である。「ハタケヤマ先生のカラーを全面に出して構いませんので、とにかく、科学記事から英語を学べる、そういった画期的な本にして下さい」という要望のもと、何とか書き上げたのが本書であるが、さて、この要望に応えることができているだろうか。判断は読者諸氏に任せたいところだ。

　そんなこんなで何とか書き上げた本書であるが、編集担当者の吉田氏には本当にお世話になった。同氏の叱咤と激励が

なければ、私はまだ今頃現実逃避のまっただ中であろう。吉田氏には本当に心から感謝する次第である。また、植木等と高田純次を足して2で割ったような、そんなチャランポランなこの私を、いつも陰で（呆れて突き放しながらも）しっかり支えてくれた女房にも感謝したい。ありがとう。あと、おまけといっては何だが、両親にもこの場を借りて感謝したい。実は、父親の名前は「博」といい、母親の名前は「勝子」というのだが、私がほんのちょっとだけ博識で勝ちにこだわるヤクザな男になった（あるいはなれた）のも、ひとえに父親と母親の(名前の)おかげだと今更ながら思っている。父さん、母さん、ありがとう。

　　　　　　　モスバーガーでリッチココアを飲みながら

著者略歴
畠山雄二 はたけやま・ゆうじ

1966年静岡県生まれ。東北大学大学院情報科学研究科博士課程修了。博士(情報科学)。現在、東京農工大学准教授。専門は理論言語学。主な著書に『科学英語読本』『科学英語の読み方』『科学英語を読みこなす』(いずれも丸善)、『理工系のための英文記事の読み方』(東京図書)、『言語学の専門家が教える新しい英文法』(ベレ出版)など多数。また、編著書に『言語科学の百科事典』(丸善)、『日本語の教科書』『理科実験で科学アタマをつくる』(いずれもベレ出版)がある。その他翻訳書も数多く手掛けている。
■畠山研究室のホームページ
http://www.shimonoseki-soft.com/~hatayu/

理系の人はなぜ英語の上達が早いのか
2011©Yuji Hatakeyama

2011年6月24日　　　第1刷発行

著　者	畠山雄二
カバーデザイン	ヤマシタツトム
発行者	藤田　博
発行所	株式会社草思社

〒160-0022　東京都新宿区新宿5-3-15
電話　営業 03(4580)7676　編集 03(4580)7680
振替　00170-9-23552

組　版	朝日メディアインターナショナル株式会社
印　刷	日経印刷株式会社
製　本	加藤製本株式会社

ISBN978-4-7942-1829-2　Printed in Japan　検印省略
http://www.soshisha.com/

草思社刊

「達人」の英語学習法

竹内理 著

英語学習の成功者たちは、こうして学んだ。英語（外国語）の「達人」たちのデータから導き出された、効果的な学び方の共通点とは？本気で学びたい人必読の一冊。

定価 1,575円

英語力よりジョーク力！

S・ウォルシュ著

ジョークの意味がわからなかったら？ ウケる日本人ジョークとは？ ビジネスで「デキる」と思われる英語ジョークの使い方・切り返し方がしっかり身につく本。

定価 1,470円

マークス寿子の英語の王道

マークス寿子 著

実際に使える英語を身につけるには、実は単語力や発音よりはるかに大事なものがある。学校英語では身につかない、英語を使うためには絶対必要なルールを紹介する。

定価 1,260円

あなたの英語の勉強を楽にしてあげたい！

酒井一郎 著

メンタルトレーニングの方法論を英語学習、英会話に応用した画期的な一冊。英語に対する苦手意識が驚くほどなくなる、シンプルなのに効果バツグンの英語習得法！

定価 1,260円

＊定価は本体価格に消費税5％を加えた金額です。